Eva Mertens/Ulrike Potthoff
Lern- und Sprachspiele im Deutschunterricht

Lehrer-Bücherei: Grundschule

Herausgegeben von
Reinhold Christiani und Klaus Metzger

Eva Mertens
Ulrike Potthoff

Lern- und Sprachspiele im Deutschunterricht

●

Zusammenwirken
von Lernen und Spielen

●

Spiele zu allen Sprachbereichen

●

Kopiervorlagen

 http://www.cornelsen.de

Bibliografische Information: Die Deutsche Bibliothek verzeichnet diese Publikation in der Deutschen Nationalbibliografie; detaillierte bibliografische Daten sind im Internet über http://dnb.ddb.de abrufbar.

Dieses Werk berücksichtigt die Regeln der reformierten Rechtschreibung und Zeichensetzung.

7.	6.	5.	4.	3.	€	Die letzten Ziffern bezeichnen
09	08	07	06	05		Zahl und Jahr der Auflage.

© 2000 Cornelsen Verlag Scriptor GmbH & Co. KG, Berlin
Das Werk und seine Teile sind urheberrechtlich geschützt. Jede Verwertung in anderen als den gesetzlich zugelassenen Fällen bedarf deshalb der vorherigen schriftlichen Einwilligung des Verlags.
Hinweis zu § 52 a UrhG: Weder das Werk noch seine Teile dürfen ohne eine solche Einwilligung eingescannt und in ein Netzwerk eingestellt werden. Dies gilt auch für Intranets von Schulen und sonstigen Bildungseinrichtungen.
Herstellung: Brigitte Bredow, Berlin
Umschlagillustration: Klaus Müller, Berlin
Illustrationen der Spiele: Andrea Jülke, Eva Mertens
Satz: FROMM MediaDesign GmbH, Selters/Ts.
Druck und Bindearbeiten: Clausen & Bosse, Leck
Printed in Germany
ISBN 3-589-05059-4
Bestellnummer 50594

 Gedruckt auf säurefreiem Papier, umweltschonend hergestellt aus chlorfrei gebleichten Faserstoffen.

Inhalt

1. Zu didaktisch-methodischen Grundlagen der Spiele 7
2. Zielsetzung der Lern- und Sprachspiele in diesem Buch 9
3. Allgemeine methodische Anregungen 10
   3.1 Die CLUSTER-Methode 10
   3.2 Mind Mapping 11
   3.3 Brainstorming 12
4. DOMINO & Co. 13
   4.1 Dominos 13
   4.2 Bingo 15
   4.3 Lotto 17
   4.4 Memory 18
5. Lern- und Sprachspiele 19
   5.1 Spiele im Mündlichen 19
        Wörterkoffer 21
        Drachen-Leporello 22
        Ritterkiste 24
        „heiterer Spuk" – Bildbearbeitung P. Klee 25
        Im Zoo ist was los (Sandkastengeschichte) 27
        Alte Geschichten in einer Pyramide 28
        Zungenbrecher 29
        Reise ins Fantasieland 30
        Dirigentenraten 31
        Papageiengespräch 32
        Wundertaler 33
        Wer bin ich? 34
        Ratssitzung 35
   5.2 Spiele zum Lesen 36
        Arche Noah 38
        Das Schnecke-Spinne-Storch-Spiel 40
        ABC-Anlaut-Spiel 41
        Magnet-Buchstabierspiel 42
        Wörterkreuz 44
        Klapp-Lesebuch 45
        N8 heißt Nacht 46

Wörter-Piktogramm	48
Olchi-Spiel	50
Durch eine Postkarte kriechen	52
5.3 Spiele zur Rechtschreibung	53
Wörterversteck	55
Schatzkarte mit Geheimsprache	56
Wörter versenken	58
Klangspiel	60
Eichhörnchen-Reimspiel	62
Wörterzauber	64
Tic-Tac-Toe	66
Post für den Tiger	68
Räubern	70
Zwillinge gesucht	72
Meisterdetektive	74
5.4 Spiele zum Dichten und zur Gestaltung mit Sprache	75
Lilliputanersprache	77
Maler und Dichter	78
Elfchen	80
Zwicke-Verse	82
Dichten mit dem Sams	83
Hexensprüche	84
Ideogramme	86
Redensarten-Piktogramme	88
5.5 Spiele zur Sprachreflexion	89
Roboters Spielzeug	91
Sprachrätsel	92
Gruselett	93
Was nehmt ihr in die Ferien mit?	94
Wörterschlange	95
Da kichert der Elefant	96
Teich-Grammatik	98
der-die-das-Würfel	99
Ich fühle was, was du nicht fühlst	100
Kopiervorlagen	101
Literaturverzeichnis	111

1. Zu didaktisch-methodischen Grundlagen der Spiele

Die Auseinandersetzung mit dem Begriff „*Spiel*" durch SCHEUERL (Weinheim 1990) hat seit den 70er Jahren erneut eine lebhafte Diskussion von Pädagogen und Didaktikern ausgelöst, ob und auf welche Art Spiele das Lernen bereichern und unterstützen können.

Dass Spielen und Lernen eng zusammen gehören, wurde nicht erst von den Reformpädagogen Anfang dieses Jahrhunderts erkannt, sondern bereits 1807 von JEAN PAUL in seiner Schrift „Levana oder Erziehlehre" (PAUL, 1963, S. 82/83)[1] beschrieben. Pädagogen und Didaktiker der Gegenwart haben die einengende Lernzielorientierung der 70er Jahre, in denen Spiel nur dann eine Berechtigung hatte, wenn es operationalisierbare Ziele aufwies, inzwischen überwunden. „Lernen" und „Spiel" werden nicht mehr als zwei sich ausschließende, sondern sich sogar bedingende Aspekte kindlicher Entwicklung angesehen. Spielen und Lernen haben nach STEFFENS „im Kindesalter eine gemeinsame Wurzel und sind sogar identisch". Deshalb kann „Spielen zum Lernen führen und ebenso Lernen zum Spielen" (vgl. STEFFENS, 1998, S. 30).

Zum Spiel gehört unbestritten ein *Medium*, das sich nicht auf sichtbare Materialien beschränken muss. Unsere Sprache – *jede* Sprache, ob mündlich oder schriftlich, auch die Körpersprache – bietet ein unerschöpfliches Potenzial, mit dem sich Spiel, Kreativität und Lernen auf vielfache Art und Weise verbinden lassen.[2] Sinnvolles Spielen mit Sprache erfüllt in der Schule von heute zwei wichtige Funktionen: Es dient einerseits der „Erprobung sprachlichen Wissens und Könnens", regt andererseits aber auch das „Entdecken sprachlicher Phänomene" an (vgl. STEFFENS, 1998, S. 50/51).

Bereits im frühkindlichen Alter entwickeln Kinder mit ihren kreativen Eigenschöpfungen ein Gespür für den spielerischen Umgang mit Sprache. Sie werden unter anderem auch in rhythmischen Bewegungsspielen mit ihren begleitenden Versen sichtbar und dienen als hervorragende Grundlage im Bereich der mündlichen Sprachgestaltung. Anregungen findet man auch in aktuellen Medien, wie Kinderfilmen, Fernsehen und Hörkassetten. Im Bereich der Literatur, speziell auch der Kinderliteratur, lassen sich Spielanregungen finden, die gleichzeitig Sprachanregungen im Sinne weiterführender sprach-

---

1 „Das Kind probiere sich spielend sein künftiges Leben [...] Das schönste und reichste Spiel ist das Sprechen, erstlich des Kindes mit sich, und noch mehr der Eltern mit ihm" (S. 82/83).
2 STEFFENS belegt, dass bereits im frühkindlichen Alter Sprache spielerisch verwendet wird. Anreize geben sowohl Kinderfilme und Hörkassetten als auch Lektüreerfahrungen (S. 17).

licher und literarischer Angebote" (vgl. STEFFENS, 1998, S. 17) geben. Zum Bereich „Spielen mit Sprache" gehören auch das Verändern literarischer Texte (vgl. WALDMANN/BOTHE, 1993) sowie die vielfältigen Möglichkeiten, die das Konzept des „handlungs- und produktionsorientierten Deutschunterrichts" (PRAXIS DEUTSCH, 1994, S. 17–25) aufzeigt.

Spiele zeigen ihre Berechtigung im Unterricht aber nur dann, wenn sie sich nicht „in einem frei schwebenden Zustand der Beliebigkeit entfalten" (vgl. STEFFENS, 1998, S. 26). Sie sind bei ihrem sinnvollen Einsatz erstens an eine Handlung und zweitens an *das Einhalten von Regeln* (vgl. SCHWANDER, 1984) gebunden, beides gleichermaßen hervorragende wie bindende Eigenschaften.

Der Umgang mit Lern- und Sprachspielen sollte aber nicht auf der Handlungsebene stehen bleiben. Es bedarf im nachhinein auch der *Reflexion*, um das oft flüchtige Moment der Erkenntnis zu sichern bzw. festzuhalten. Dies ist nur möglich, wenn Kinder versuchen, die im Spiel gewonnenen Einsichten in das *Regelwerk* „Sprache" in Worte zu fassen. Das gilt *nicht immer* für *jedes einzelne* Spiel und auch nicht im Anschluss an eine einzelne Erprobung. Lässt man eine solche Reflexionsmöglichkeit jedoch grundsätzlich weg oder greift die im Spiel immanenten Möglichkeiten oder situativ aufgetretenen Erkenntnisse und Erfahrungen nicht auf, werden auch Sprachspiele allzu schnell „als oberflächliche Verkleidung des Lernens pervertiert bzw. lediglich als motivationaler Trick benutzt" (vgl. STEFFENS, 1998, S. 30) und verfehlen damit ihren Lerneffekt.

Sprache ist insbesondere auch ein *Zeichensystem*. Die spielerische Auseinandersetzung mit dem Zeichensystem Sprache bedeutet: Sprache wird mit ähnlichen oder anderen Systemen (visuellen, akustischen, haptisch erfahrbaren Zeichensystemen, wie: Bilder, Töne, Materialien) verbunden. Es entstehen neue Ansichten, Einsichten, Erfahrungen, so dass letztlich Sprache nicht als ein starres System erscheint, sondern als ein lebendiges Mittel, das im Mund, in der Hand, im Ohr sich neu und auf sensible Art dem Sprecher anpassen kann. Die Wirkung, die diese Veränderungen mit sich bringen, können zum Nachdenken über Sprache anregen und damit Reflexion über das eigene Sprachverhalten in Gang setzen. Darin zeigt sich ihr emanzipatorischer Wert.

Spiele mit Sprache können auch „Prozesse kreativen Sprachverhaltens" (vgl. MENZEL, 1974, S. 15 ff.)[3] in Gang setzen. Dies geschieht immer dann, wenn Sprache unter Einhaltung bestimmter Regeln individuell verformt, umgewandelt und in neue Zusammenhänge gebracht wird. Nicht selten entstehen Sprachschöpfungen, wie wir sie auch aus der Dichtung her kennen; man denke nur an CHRISTIAN MORGENSTERN oder EUGEN ROTH. Deshalb findet man bei Sprachspielen auch immer wieder *Kreativität als Ziel* der Handlung wieder (vgl. STEFFENS, 1998, S. 26).

---

3 Das kreative Moment des Spielens gilt als eine der herausragenden Eigenschaften, das gleichzeitig noch die Motivation fördert und Angst vor Neuem abbauen kann.

2. Zur Zielsetzung der Lern- und Sprachspiele in diesem Buch

Wir verstehen den Begriff des „Lern- und Sprachspiels" als *ein Handeln mit Sprache*, mündlicher und schriftlicher Sprache, *nach bestimmten Regeln*. Die Verbindung der beiden Begriffe soll verdeutlichen, dass auch bei spielerischem Umgang letztlich Lernen angebahnt werden soll. Wir zeigen deshalb auch zu den Ihnen vielleicht schon bekannten Spielen Möglichkeiten auf, wie man durch Varianten die spielerischen Handlungen auf ein Reflexionsniveau anheben kann, um dadurch das „Entdecken sprachlicher Phänomene" (vgl. STEFFENS, 1998, S. 50/51) anzubahnen.

Wir haben unsere Spiele nach den Bereichen des Sprachunterrichts gegliedert, um Ihnen für die tägliche Unterrichtspraxis eine schnelle Übersicht zu ermöglichen. Nichtsdestotrotz werden Sie durchweg integrative Aspekte finden. Vor jedem Bereich finden Sie jeweils eine kurze didaktische Begründung sowie eine stichwortartige Übersicht mit den wichtigsten Zielsetzungen der einzelnen Spiele, da wir mit STEFFENS der Ansicht sind, dass ohne die notwendigen fachdidaktischen Begründungen Spiele im Unterricht zu einem „unreflektierten Machen" (vgl. STEFFENS, 1998, S. 16) ausarten, was den Lernzuwachs der Kinder als sehr fraglich erscheinen lässt.

Wichtig war uns auch die Möglichkeit zur Differenzierung, die durch Veränderung einzelner Teilaktionen in vielen Spielen angelegt ist; diese finden Sie im Anschluss an die Spielanleitungen unter der Überschrift „Varianten". Außerdem sind dort Vorschläge enthalten, wie Schüler an der Erstellung und Entwicklung der Spiele beteiligt werden können oder wie man das Anspruchsniveau der Spiele reduzieren bzw. anheben kann.

Wir haben Spiele für einen bis zu mehreren „Mitspielern" entwickelt. Spiele mit mehreren Spielern erweitern, ohne dass es explizit immer dargestellt wird, die kommunikative Kompetenz der Beteiligten, weil erst durch das gemeinsame Gespräch und die gemeinsam aufgestellten Regeln ein reibungsloser Spielablauf möglich ist.

Aus dieser Systematik herausgenommen haben wir Spiele wie DOMINO, BINGO, LOTTO und MEMORY. Sie werden im anschließenden Kapitel mit verschiedenen Beispielen vorgestellt und sollen Sie dazu anregen, Varianten für den eigenen Unterricht zu entwickeln, der auf Ihre Schüler, auf aktuelle Lernsituationen und den entsprechenden Wortschatz abgestimmt ist.

3. Allgemeine methodische Anregungen

Hier möchten wir Ihnen Beispiele für kreative Sprachgestaltung vorstellen, die bei vielen Spielen eingesetzt werden können und auch den täglichen Sprachunterricht bereichern helfen.

3.1. Die CLUSTER-Methode

Sie wurde von GABRIELE RICO (vgl. RICO, 1993) entwickelt und wird von ihr als Methode vorgestellt, mit der beide Gehirnhälften gleichzeitig aktiviert werden können. Mit dieser Methode werden Gedankenspuren um ein (emotionell und individuell) bedeutsames Kernwort – wie Perlen aufgereiht – niedergeschrieben. An den Wörtern lässt sich erkennen, welche Assoziationen der jeweilige Schreiber mit dem Begriff verbindet. Jede der „Ketten" um das Kernwort herum ergibt wieder einen anderen Sinn- und Bedeutungszusammenhang, der sich als Ausgangspunkt für weitere Sprachhandlungen (auch komplexe Texte) eignet.

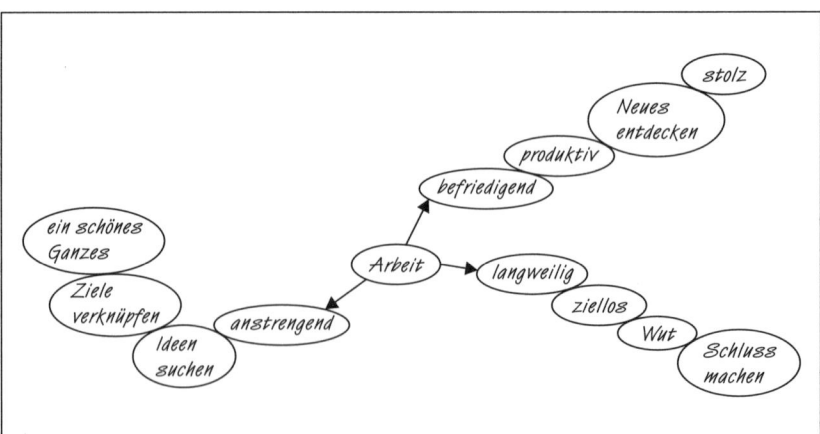

Clustern ist einsetzbar, wenn der Lese-/Schreiblernprozess so weit abgeschlossen ist, dass jedes Kind eigenständig und zügig Wörter aufschreiben kann. Diese Methode eignet sich besonders für Spiele, die zur kreativen Auseinandersetzung mit Wort- und Bildmaterial anregen sollen, z. B. im Bereich „Erzählen und Schreiben" das Spiel *Im Zwischenreich* und *Wundertaler* und im Bereich „Gestalten mit Sprache" die Spiele *Maler und Dichter* und *Hexensprüche*. Voraussetzung dafür ist allerdings, dass eine Phase des individuellen Schreibens an Stelle der mündlichen Äußerungen tritt, weil Clustern in seiner ursprünglichen Bedeutung „ein komplexer schöpferischer Akt ist" und daher auf die Individualität des Einzelnen angewiesen ist (vgl. RICO, 1993, S. 86).

3.2 Mind Mapping

Diese Methode hat einen ähnlichen Aufbau wie das Clustern, jedoch wird nicht mit dem Unterbewusstsein allein gearbeitet, sondern mit festen Strukturen und Handlungsvorstellungen, die der Erfahrungswelt des Einzelnen entsprechen. Die Aufzeichnungen sind in ihrer Zusammenstellung wie ein komplexer Notizzettel zu gebrauchen und können bei Bedarf auch im Nachhinein erweitert werden. Mind maps werden im Gegensatz zum Cluster ausdrücklich auch für größere Gruppen empfohlen, da sie „eine übersichtliche konstruktive Kommunikation" (vgl. KIRCKHOFF, 1992, S. 2) fördern.

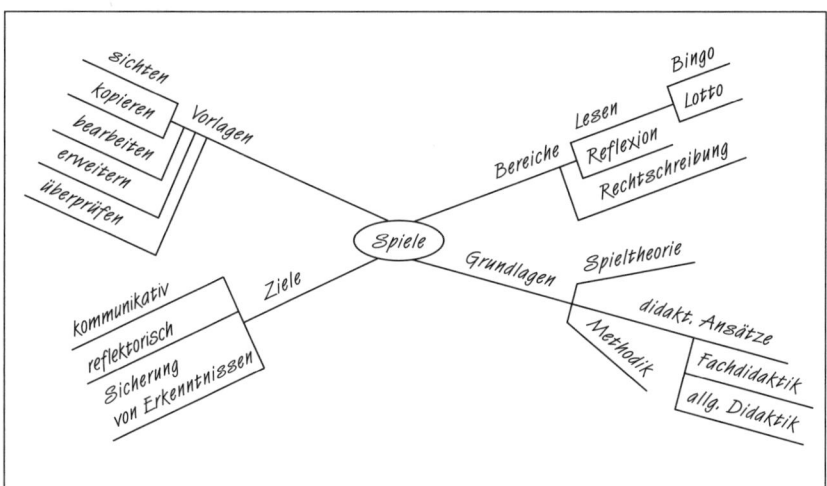

Für den Unterricht in der Grundschule sind einige Beispiele von Mind maps übersichtlich zusammengestellt (vgl. FEICHTENBERGER/WECHDORN, 1997). Mind maps können Kinder schon Mitte des 1. Schuljahres anwenden, weil hier kein schnelles Schreiben erforderlich ist. Sie eignen sich immer dann, wenn Kinder zu einem Thema mehrere Unterbereiche durch Stichworte systematisch aufschlüsseln wollen, z. B. bei dem Spiel *Hexensprüche*, bei der Erarbeitung von Wortfeldern wie der *Schatzkarte mit Geheimsprache*, aber auch bei Pro- und Kontra-Gesprächen, wie sie in der *Ratssitzung* dargestellt sind.

3.3 Brainstorming

Diese Methode ist ebenfalls für eine größere Gruppe (auch eine ganze Klasse) geeignet. Hierbei werden Ideen zusammengetragen und ungeordnet für alle sichtbar aufgeschrieben. Aus dieser losen Sammlung von Stichworten können Ideen und Anhaltspunkte für die Weiterarbeit herausgesucht werden. Man kann auch mit der Sammlung arbeiten und wichtige Aspekte daraus durch Einkreisen hervorheben oder durch Auskreuzen als unbrauchbar verwerfen, so dass zum Schluss eine reduzierte, jedoch brauchbare Sammlung übrig bleibt.

Für jede Ideensammlung ist das Brainstorming geeignet, sei es als Möglichkeit für die Gestaltung von *Piktogrammen* (Bereich Lesen), für die Erweiterung des *Eichhörnchen-Reimspiels* (Bereich Rechtschreibung) oder für eine Instrumenten-Sammlung beim *Klangspiel* (Bereich Gestaltung mit Sprache).

4. Domino & Co.

Manche Spielformen findet man in Spielesammlungen in vielfältigen Variationen. Wir greifen hier einige Möglichkeiten heraus, um diese Spielarten für den Deutschunterricht zu nutzen.

4.1 Dominos

Dominos bieten sich immer dann an, wenn Paare gesucht werden. Dominos kann man mit einer Selbstkontrollmöglichkeit auf der Rückseite der Spielkarten ausstatten. Neben den beiden ausführlichen Beispielen, die Sie als Kopiervorlage nutzen können, nachfolgend noch einige Anregungen für weitere Klassen:

Im Bereich des Schriftspracherwerbs sind besonders geeignet
für das 1. Schuljahr:

- Bild-Anlaut-Dominos

- Großbuchstabe/Kleinbuchstabe (Schreibschriftbuchstaben)-Domino

Im Bereich Rechtschreiben bietet sich an
für das 2. Schuljahr:
- Verb-Substantiv-Domino

und für das 3. Schuljahr:
- Einzahl-Mehrzahl-Domino für die S-Laute

Nachfolgend Beispiele als Kopiervorlagen für 2 Dominos:

a) *Beispiel für Einzahl-Mehrzahl-Domino*
 - Bild-Wortruinen-Zuordnung
 - Bildung des Singulars durch Einsetzen von Vokalen
 - Ableitung des Plurals im Kontrastverfahren (Vergleich mit Singular)
 - Übertragen der Wörter ins Heft
 - Kopiervorlage für ein Arbeitsblatt

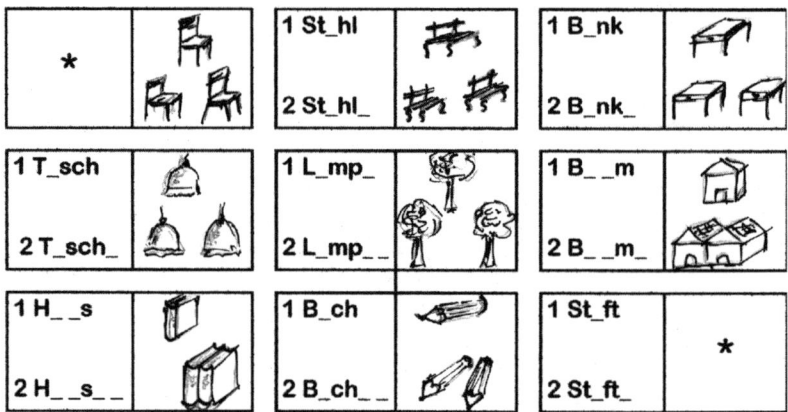

b) *Beispiel für Fremdsprachen-Domino*
 - Beide Wörter lesen
 - Zuordnung zur deutschen oder italienischen Sprache
 - Wort-Bild-Zuordnung
 - Wörter ins Heft schreiben
 - Gemeinsamkeiten/Unterschiede herausfinden und/oder markieren

4.2 Bingo

Bingo-Spiele eignen sich für eine größere Lerngruppe, bei entsprechender Kopiervorlage auch für die ganze Klasse. Bingo-Spiele brauchen immer einen Spielleiter und müssen überprüft werden, weil erst dadurch evtl. falsche Lösungen zutage treten. Bingo-Gewinner (Bingo-König) ist derjenige, der als erster 3 nebeneinander liegende Felder (waagerecht, senkrecht oder diagonal) durchstreichen bzw. ankreuzen konnte.

Für Bingo-Spiele *mit vorgegebenen Bildern* (wie wir sie Ihnen nachfolgend als Kopiervorlage anbieten) müssen Sie je Spieler ein Neunerfeld herstellen, in dem die Bilder jeweils anders angeordnet sind, sonst werden bei richtiger Lösung alle Schüler gleichzeitig Bingo-König.

Sie können ein Bingo aber auch *ohne vorgegebene Bilder* herstellen. Die Schüler erhalten ein Blatt mit neun leeren Feldern. Das Spiel könnte dann so ablaufen:

In einem 1. Schuljahr:

Kinder schreiben in die neun Felder verschiedene Buchstaben, die vorher gemeinsam ausgewählt wurden. Ein Buchstabe darf dabei nur einmal vorkommen. Die Platzierung der Buchstaben ist jetzt jedem einzelnen überlassen. Der Spielleiter (Lehrer oder 1 Schüler) nennt Wörter mit entsprechenden Anlauten und schreibt diese auf die verdeckte Tafel. So können die Schüler auch bei Spielende noch einmal die angekreuzten Buchstaben überprüfen. Ziel ist in diesem Fall, die akustische Diskriminierung von Anlauten zu üben und zu sichern.

In einem 2. Schuljahr:

Kinder schreiben in jedes Feld ein Wort, z. B. einen Gegenstand, der in der Klasse steht (Grundwortschatz-Wörter zu einem bestimmten Thema). Die Wörter wurden vorher gemeinsam ausgewählt und auf eine OHP-Folie geschrieben.

Der Spielleiter zeigt nun mithilfe einer Karte (mit Fensterausschnitt für ein Wort) in unregelmäßiger Folge für einen kurzen Augenblick einzelne Wörter. Die Schüler suchen nach diesem „Blitzlicht" das Wortbild auf ihrem Feld und kreuzen es an. Ziel ist bei diesem Bingo die Stärkung der Lesefertigkeit, indem Wörter ganzheitlich erkannt werden müssen.

In einem 3. Schuljahr:

Jeweils drei der neun Felder werden in beliebiger Anordnung in den Farben rot, gelb und blau markiert. In einem Brainstorming werden Wörter an die Tafel geschrieben, die ein s/ss/ß enthalten. Der S-Laut wird jedoch nicht

a) *Beispiel für ein Lese-Bingo*
Thema: Teile von Pflanzen
2. Schuljahr

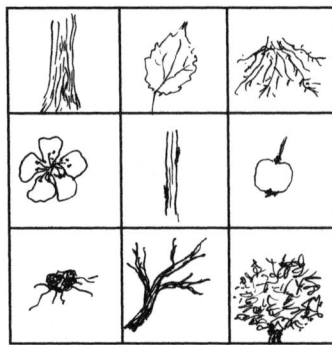

- Lehrer zeigt für kurze Zeit einzelne Wörter am OHP (Tafel)
- Schüler versuchen ganzheitlich das Wort zu erfassen
- Differenzierung (auch für schnelle Leser):
  - Lehrer zeigt neben einfachen Wörtern für einen Teil der Schüler zusammengesetzte Substantive (Baumstamm, Birkenblatt, Baumkrone)
  - Schüler bilden nach dem Bingo in Gruppen-/Partnerarbeit selbst zusammengesetzte Substantive, schreiben sie auf und vergleichen im Plenum die verschiedenen Möglichkeiten
  - Schüler müssen zum angegebenen Wort das Reimwort finden (Kamm, satt, Bengel, Hüte, Purzel, Bohne, Mast, Wolle, Zucht)
- Mögliche Ziele:
  - Steigerung der Lesefertigkeit
  - Reimwörter finden
  - Zusammengesetzte Substantive finden
  - Bereits erarbeitete Fachbegriffe vertiefen (Sachunterricht)

b) *Beispiel für ein Buchstaben-Bingo*
Thema: Unser Körper
1. Schuljahr

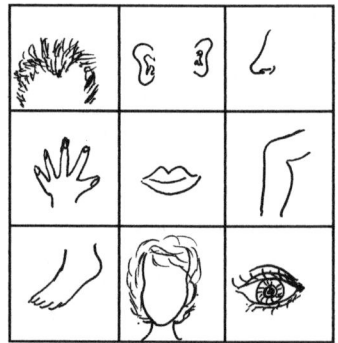

- Lehrer fragt, welcher Körperteil mit „A" (M, Au, O ...) anfängt
- Schüler streichen entsprechenden Körperteil durch und schreiben Anlaut dazu (Kontrollfunktion)
- Differenzierung:
  - Schüler schreiben nach Bildfindung ganzes Wort unter das Bild
  - Einzelne Schüler übernehmen an Stelle des Lehrers die Wortbestimmung und schreiben Anlaut an die verdeckte Tafelseite
  - Schüler schreiben nach voheriger Erarbeitung der Körperteile die Anlaute aus der Vorstellung in die Kästchen, Lehrer zeigt am OHP das Bild eines Körperteils
- Mögliche Ziele:
  - Sicherung der Buchstaben
  - Übung zum Wortaufbau
  - Verlängerung von Wörtern (Bildung des Plural) durch Vergleich der unterschiedlichen Schreibweisen der Endbuchstaben
  - Bereits erarbeitete Fachbegriffe vertiefen

geschrieben, sondern nur als Leerstelle gekennzeichnet. Der Spielleiter umschreibt nun jeweils einen Begriff. Jeder Spieler sucht das passende Wort aus der Wörtersammlung und trägt es, wie vorher vereinbart, in das Bingo-Feld ein (z. B. Wörter mit „s" in die gelben Felder, Wörter mit „ss" in die roten und Wörter mit „ß" in die blauen Felder). Im Anschluss an das Spiel werden die Leerstellen der Wörtersammlung gefüllt und mit den Eintragungen auf den Bingo-Karten verglichen.

Ziel ist bei diesem Bingo die Sicherung von Wörtern mit verschiedenen S-Lauten. Durch die Umschreibung der Begriffe ist es aber auch ein Sprachspiel, in dem Sprachwissen erprobt werden kann. Zur weiteren Differenzierung können Sie nämlich die Schüler reihum als Spielleiter einsetzen, damit sie selbst die vorgegebenen Begriffe umschreiben. Der jeweilige Spielleiter hat zudem die Gelegenheit, ein noch fehlendes Feld durch eine richtige Auswahl der Wörter zu füllen.

Auf der gegenüberliegenden Seite sind 2 Beispiele als Kopiervorlage für ein Bingo mit vorgegebenen Bildern.

4.3 Lotto

Für Lotto-Spiele braucht man – wie bei Bingo-Spielen – mindestens ein Neuner-Feld mit Bildern oder Wörtern. Passend zu dem Feld benötigt man noch einzelne Karten, die ein Spielleiter von einem verdeckten Stapel einzeln schnell herum legt und wieder zudeckt. Wer das passende Bild auf seinem Neuner-Feld entdeckt, ruft schnell „Stopp" und erhält dann die Karte, wenn dies richtig war, und legt sie auf das deckungsgleiche Bild. Wer falsch ruft, muss 2-mal aussetzen. Wer alle Felder belegt hat, ist der Gewinner.

Im Gegensatz zum Bingo-Spiel geht es hier um schnelles Entdecken. Deshalb eignet sich dieses Spiel besonders auch für den Bereich des Lesens, um eine schnelle Worterkennung zu trainieren. Dies geht im 1. Schuljahr auch mit einer Zuordnung von Druckschrift-/Schreibschrift-Buchstaben und im 2. Schuljahr mit einer Nomen-Verben-Zuordnung. Wichtig ist, dass das Neuner-Feld für jeden Schüler 2 oder 3 Felder enthält, die ein anderer Schüler nicht hat, damit nicht auf Verdacht gerufen wird.

Die Kopiervorlagen für unsere Bingos können Sie ebenfalls für ein Lotto nutzen.

4.4 Memory

Ein Memory kennt jedes Kind schon aus dem Kindergarten. Sie können die einfachen Memory-Karten für das 1. Schuljahr schon präparieren, damit die Schüler angeregt werden, sich die Laut-Buchstaben-Zuordnung einzuprägen. Dafür kennzeichnen Sie jeweils 1 Bild auf der Rückseite (!) durch den Anlaut: eine Frosch-Karte bekommt also ein „F", die andere Karte bleibt leer. Im Laufe der Zeit merken sich die Kinder den Buchstaben, weil sie so leichter zu einem Pärchen kommen. Besonders effektiv ist so ein Memory, wenn Sie es aus Anlaut-Bildern Ihrer eigenen Anlauttabelle herstellen!

Im 2. Schuljahr können die Kinder selbst ein Memory herstellen. Hier eignen sich als Themen z. B. Reimwörter (Haus – Maus, Tisch – Fisch), Nomen-Adjektiv/Verben-Memory (Bild: Wolke, Wort: grau/regnen). Gleichzeitig sind diese Arten von Memories immer auch eine gezielte Leseübung.

5. Lern- und Sprachspiele

5.1 Spiele im Mündlichen

Der mündliche Sprachgebrauch ist der zentrale Bereich im Deutschunterricht. Die mündliche Kommunikation ermöglicht den Kindern die Interaktion untereinander und den Austausch über Werte, Ziele und Aufgaben. Des weiteren verleiht die Mündlichkeit den Kindern Ausdrucksmöglichkeiten für ihr Inneres, ihre Gefühle und Gedanken.

Somit kommen dem mündlichen Sprachgebrauch weitreichende Ziele zu, die Auswirkungen sowohl auf das schulische Miteinander der Kinder und die erfolgreiche Beteiligung am Unterrichtsgeschehen haben wie auch auf den alltäglichen Umgang der Kinder miteinander.

Es gibt grundsätzlich viele Zugangsmöglichkeiten zu diesem Lernbereich im Unterricht. Wichtig ist, das Erzählen und das Miteinander-Sprechen zum Lerngegenstand im Unterricht zu machen, damit die Kinder die Möglichkeit haben, bewusst an ihren erzählerischen und kommunikativen Fähigkeiten zu arbeiten. Ebenso wichtig ist es, den Kindern spielerische Zugänge zu bestimmten Fähigkeiten zu eröffnen, um ihnen Freude und Spaß an Erfahrungen und Erkenntnissen zu ermöglichen. Diese zu verbalisieren und über Erfolg und Misserfolg im Spiel zu sprechen gehört ebenfalls zu den Zielen im mündlichen Sprachgebrauch.

Ziele zu den Spielen im Mündlichen

Grundlegendes Ziel der Spiele im Mündlichen ist es, die Kommunikationsfähigkeit der Kinder zu erweitern. Handlungen, die dieser Zielsetzung entsprechen, können den Kindern bewusst gemacht werden. Durch die Lenkung auf eine bestimmte sprecherische Fähigkeit können die Kinder in einem Schonraum diese trainieren, sie spielerisch variieren und für sich selbst oder mit anderen reflektieren. So wird der effektive Zusammenhang von Lernen und Spielen deutlich. In einem Spiel können auch für die Kinder unbewusst kommunikative Fähigkeiten trainiert werden, da jede Interaktionssituation die Notwendigkeit der Kommunikation zwischen dem Einzelnen und der Gruppe mit einschließt.

Die Spanne der Spielinhalte geht hier genauso weit wie der Gebrauch der mündlichen Sprache im alltäglichen Leben. Auch der Zusammenhang von Erzählen und Schreiben wird mit aufgegriffen.

Wir haben Spiele ausgesucht,
- in denen die Kinder ihre erzählerischen Fähigkeiten erproben und ausbauen können,
- in denen sie bewusst ein bestimmtes Wortmaterial in seiner Bedeutung und seinen sprachlichen Möglichkeiten erfahren können,
- in denen sie bestimmte dialogische Strategien anwenden und in ihren Auswirkungen spüren können,
- in denen sie Teilfähigkeiten ihrer kommunikativen Kompetenz trainieren können,
- in denen sie ihre sprecherischen Möglichkeiten erweitern können und
- in denen sie mündlich Erprobtes verschriftlichen können.

So haben wir mehrere Teilbereiche des in den Lehrplänen verankerten Mündlichen Sprachgebrauchs abgedeckt.

Die Kinder können bei diesen Spielen
- im Gespräch lernen, anderen zuzuhören, sich mitzuteilen und zu argumentieren
  (Dirigentenraten, Papageiengespräch, Ratssitzung)
- ihre Fragestrategien erfahren und erproben
  (Wundertaler, Wer bin ich?)
- in Gemeinschaft mit anderen Erzählfreude entdecken und entwickeln
  (Im Zoo ist was los, Alte Geschichten in einer Pyramide)
- lernen, sich auf andere Kinder zu beziehen und ihnen inhaltlich zuzuhören
  (Drachen-Leporello)
- ihren Sprachschatz und ihren Sprachgebrauch erweitern durch Sammeln von Wörtern und Erfinden von Geschichten
  (Wörterkoffer, Ritterkiste)
- Aussagen aus Kunst und Musik in Sprache fassen
  („heiterer Spuk")
- ihre Sprechmotorik schulen und verfeinern
  (Zungenbrecher)
- an möglichen Sprechfehlern arbeiten
  (Reise ins Fantasieland)

Bereich: Erzählen und Schreiben 21

Wörterkoffer

- **Schulstufe:** 1./2. Schuljahr
- **Teilnehmer:** Partner- oder Kleingruppenarbeit
- **Ziel:** Vorbereitung auf den Grundwortschatz, Sätze bilden und Erzählfreude zu Wörtergeschichten anregen
- **Benötigtes Material:**
  - kleine Schachteln
  - Blankokarten
- **Vorbereitende Aufgaben:** Die Kinder sammeln in „Wörterkoffern" – das sind kleine Schachteln, die zu einem Thema z. B. Himmelswörter oder Schreibtischwörter gestaltet sind – auf kleinen Karten Wörter, die zu einem Thema passen oder die sie zu dem Thema assoziieren. Die Wörterkoffer können immer wieder ergänzt werden.

Spielanleitung

1. Die Kinder nehmen aus einem Wörterkoffer einige Wortkarten heraus.
2. Sie ordnen die Wörter nach einem verabredeten Kriterium (z. B. *Die schönsten Wörter* oder *Alle Nomen* oder *Wörter, aus denen man Sätze bilden kann*).
3. Die Kinder tauschen eventuell untereinander Wortkarten aus.
4. Jedes Kind legt ein Wort in die Mitte.
5. Zu diesen Wörtern erfinden die Kinder kleine Geschichten.

Varianten (Differenzierung, offener Unterricht, Weiterführung):
- Die Kinder schreiben zu ihren gewählten Wörtern Sätze auf.
- Die Kinder suchen zu einem Wort Reimwörter.
- Die Kinder schreiben ein fantastisches Binom auf. (Hier wird zu einem Wort ein weiteres Wort gesucht, das mit dem ersten nichts zu tun hat, z. B. Baum und Topf.) Hierzu können Geschichten entstehen wie Der Topf auf dem Baum / Der Baum im Topf / Der Baum mit dem Topf ...
- Die Kinder schreiben in kleinen Wörterheften ihre gemeinsamen Geschichten auf und lesen sie den anderen Kindern vor.

Vgl. auch EVA MARIA KOHL: Für eine Grammatik der Fantasie. in: Die Grundschulzeitschrift 111/98, Friedrich Verlag

Drachen-Leporello

- **Schulstufe:** 1.–3. Schuljahr
- **Teilnehmer:** ab 4 Schüler
- **Ziel:** Mit Hilfe von Bildkarten zu einer Geschichte Anschlussteile frei erfinden. Dadurch soll geübt werden, sich auf die Beiträge anderer Schüler zu beziehen und Überleitungen bei Nahtstellen aufeinander folgender Situationen zu erproben.
- **Benötigtes Material:**
  - Bildkarten
  - Abbild der Hauptfigur/Hauptperson oder Gegenstand, der zu Assoziationen anregt

- **Vorbereitende Aufgaben:** Eine gemeinsame Runde mit der Klasse einüben, damit die Vorgehensweise klar ist.

Bereich: Erzählen und Schreiben

Spielanleitung

1. Gemeinsam eine Formulierung vereinbaren, die einen Wechsel des Erzählkindes ankündigt (z. B. „... trug der Wind den Drachen hoch hinauf.").
2. Die Karten werden verdeckt auf den Tisch gelegt.
3. Jedes Kind zieht eine Karte und überlegt sich, was der Drachen an/mit dem abgebildeten Gegenstand erleben könnte oder was ihm dort/damit passiert.
4. Ein Kind der Runde nimmt die Abbildung der Hauptfigur (Gegenstand) und fängt an zu erzählen. Es beendet seinen mündlichen Beitrag mit einer Formulierung, die vorher vereinbart wurde, und gibt die Abbildung/den Gegenstand an das Nachbarkind weiter.
5. Das Nachbarkind greift die dargestellte Situation auf und führt sie mit seiner eigenen Geschichte fort.
6. Das jeweilige Erzählkind darf Hilfestellung von den Zuhörern erbitten.

Varianten (Differenzierung, offener Unterricht, Weiterführung):
- Leere Karten hinzulegen, die vor dem Spiel oder während der Erzählrunde mit eigenen Bildern (Bildzeichen) gefüllt werden können. Dadurch können Ideen, die die Kinder während des Erzählens entwickeln, mit einbezogen werden. (Öffnung des Unterrichts)
- Gleiche Karten für verschiedene Erzählrunden nutzen. Reizvoll ist dies vor allem, wenn unterschiedliche Gegenstände (auch Tiere, Menschen) im Mittelpunkt stehen (Ameisen, Inline-Skaters, Wasserball, Waschbär ...). Durch diese Variante verändert sich die Bedeutung der Gegenstände, weil sie jeweils auf eine andere Hauptfigur bezogen wird.

Ritterkiste

- **Schulstufe:** 2./3. Schuljahr
- **Teilnehmer:** 2 Kinder oder eine Gruppe
- **Ziel:** fantastische Erzählmöglichkeiten anregen, perspektivisches Erzählen ermöglichen, Erzählen mit mehreren anbahnen
- **Benötigtes Material:**
  - Schuhkartons oder größere Kisten
  - Sammlung von themengebundenen Gegenständen (z. B. Muschel, Vogelfeder, Stein, Sand, Sonnenöl, ... oder alte Sachen wie Kaffeekanne, Uhr, Wäschestück, Bild, ...)

- **Vorbereitende Aufgaben:**
Erzählen anhand von Erinnerungsstücken oder Ferienerlebnissen

Spielanleitung

1. In einer Kiste wurden Gegenstände zu einem bestimmten Thema *hier: Ritter* gesammelt.
2. Jedes Kind nimmt einen Gegenstand und erzählt etwas dazu.
3. Die Kinder bringen ihre Erzählungen und ihre Gegenstände in eine zeitliche Reihenfolge.
4. Evtl. lassen die Kinder eine Geschichte entstehen, in der ihre einzelnen Teile eine Rolle spielen.
5. Die Kinder erzählen der Klasse ihre Rittergeschichte.

Varianten (Differenzierung, offener Unterricht, Weiterführung):
- Die Erzählsituation wird einfacher, wenn die Kinder Dinge selber in Kisten sammeln und sich erinnernd erzählen, z. B. eine Ferienkiste.
- Die Kinder versuchen, eine spannende oder lustige Geschichte entstehen zu lassen, indem sie die Gegenstände ordnen und ihnen Rollen zuweisen.
- Die Kinder können die Gegenstände selber erzählen lassen.
- Die Erzählung der Kinder kann auch als Vorbereitung zum Schreiben einer Geschichte genutzt werden. Die Gegenstände dienen dann zum Aufbau einer Geschichtenstruktur, die verschriftlicht wird.

Idee aus: CLAUSSEN/MERKELBACH: Erzählwerkstatt. Westermann Schulbuchverlag GmbH, Braunschweig 1995

Bereich: Erzählen und Schreiben

„heiterer Spuk" – Bildbetrachtung P. Klee

- **Schulstufe:** 2.–4. Schuljahr
- **Teilnehmer:** 2 bis 4 Schüler
- **Ziel:** Durch freie Assoziationen Beziehungen von Bildelementen wahrnehmen und mit Hilfe von grafischen Zeichen und/oder Schrift diese in Sprache fassen
- **Benötigtes Material:**
  - Folie, kopierte Arbeitsunterlage
  - Bleistift, Radiergummi

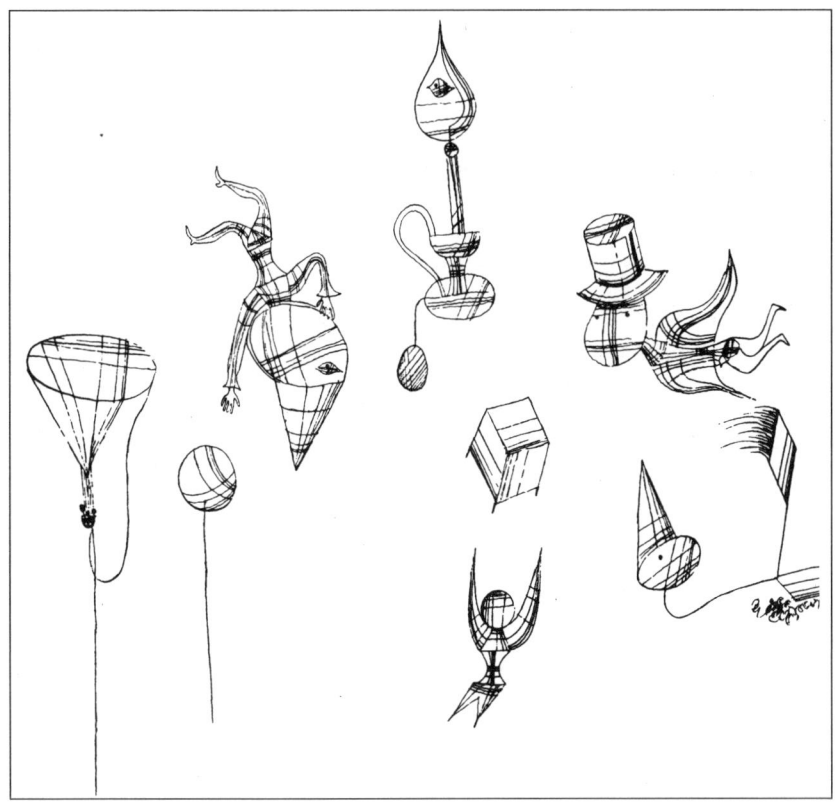

PAUL KLEE: heiterer Spuk, 1927. 308
Feder auf Papier mit Leimtupfen auf Karton 38,8/39,1 x 28,3/28,9 cm
Standort: Paul-Klee-Stiftung, Kunstmuseum Bern, Inv. Nr. Z 662
© VG Bild-Kunst, Bonn 2000

■ **Vorbereitende Aufgaben:**
- Bild auf OHP-Folie übertragen
- Bild als Arbeitsunterlage für die Gruppe fotokopieren

Spielanleitung

1. Arbeitsunterlagen an die Gruppen geben.
2. Bei Klassen, die in Bildbetrachtung geübt sind, keine Anweisungen geben, sonst folgenden Arbeitsauftrag erteilen:
„Durch Denk- oder Sprechblasen eintragen, was die Figuren denken oder reden und mit Hilfe von Pfeilen darstellen, zu wem sie Kontakt aufnehmen."
3. Ergebnisse am OHP der Klasse vorstellen. Lösungen annehmen oder begründet verwerfen.

Varianten (Differenzierung, offener Unterricht, Weiterführung):
- Durch Pfeile kennzeichnen, welche Figuren zusammengehören.
- Durch Pfeile kennzeichnen, in welche Richtung sich die Figuren bewegen.
- Durch Geräusch-Abbildungen (Buchstabensequenzen) versuchen, die Szene akustisch zu beleben.
- Die Szenerie als Reihung beschreiben, zu bestimmten „Stationen" Musik auf Orff-Instrumenten gestalten.
- Einzelne Motive ausschneiden, neu in Beziehung zueinander setzen und dazu einen Dialog entwickeln.
- Einzelne Motive vergrößern, als Stabpuppen gestalten und dazu eine szenische Handlung entwickeln.

Bereich: Erzählen und Schreiben

Im Zoo ist was los (Sandkastengeschichte)

- **Schulstufe:** ab 1. Schuljahr
- **Teilnehmer:** 2 Kinder oder eine kleine Gruppe
- **Ziel:** Im Erzählen Erlebtes wiederholen, Beobachtetes und Gelesenes wiedergeben, Fantastisches erfinden, Alltägliches zu Höhepunkten verwandeln.
- **Benötigtes Material:**
  - Sandkiste oder einen großen Pappdeckel mit Sand
  - viele Gummitiere
  - Wurzeln, Kiefern, Blätter, Zweige etc.

Spielanleitung

1. Die Kinder gestalten ihren Zoo mit Tierfiguren.
2. Sie überlegen sich, was im Zoo los ist.
3. Sie legen fest, was davon jeder erzählen darf.
4. Sie erzählen abwechselnd ihre Geschichte der Klasse.

Varianten (Differenzierung, offener Unterricht, Weiterführung):
- Die Kinder können die Tiere sprechhandelnd agieren lassen.
- Die Kinder können sich eine Aufgabe stellen, z. B. *Der Elefant möchte den Löwen besuchen.*
- Die Kinder erzählen Satz für Satz abwechselnd und lassen so eine Geschichte entstehen.
- Die Kinder können die Zootiere gegen Dinosaurier austauschen.
- Das Zoobild kann als Spielplan mit den Tieren auf Bildkarten als Erzählspiel in der Klasse ausliegen. Die Kinder können sich eine Geschichte legen und sie ihren Partnern erzählen. (siehe Plan im Anhang, S. 101)
- Die Materialien können für die Freiarbeit ständig genutzt werden.

Idee aus: CLAUSSEN/MERKELBACH: Erzählwerkstatt. Westermann Schulbuchverlag GmbH, Braunschweig 1995

Alte Geschichten in einer Pyramide

- **Schulstufe:** 3./4. Schuljahr
- **Teilnehmer:** Partner oder eine Gruppe
- **Ziel:** Geschichten in einer Reihenfolge erzählen; fabulieren zu Bildzeichen
- **Benötigtes Material:**
  - Tapete oder lange Papierstreifen
  - das Blatt mit den Pyramidezeichen (s. S. 102)
  - dicke Stifte

 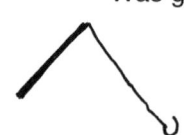 Was geschieht denn hier?

Spielanleitung

1. Die Kinder denken sich einen Geschichtenanfang aus.
2. Sie zeichnen ihn mit den vorgegebenen Zeichen auf eine Pyramidenwand (Tapete oder großes Zeichenblatt).
3. Abwechselnd zeichnen sie die Geschichte auf der Wand weiter.
4. Sie erzählen der Gruppe oder der Klasse ihre Geschichte anhand der Zeichnung.

Varianten (Differenzierung, offener Unterricht, Weiterführung):

- Am Anfang kann die Lehrerin eine Pyramidengeschichte zeichnen. Die Kinder vermuten, was die Zeichen bedeuten sollen. Dabei denken sie sich in die alte ägyptische Zeit ein und aktivieren ihr Vorwissen.
- Es können Papierstreifen mit möglichen Geschichtenanfängen vorbereitet sein.
- Die Kinder können eigene Zeichen erfinden.
- Die Zeichen sind als Karten vorhanden. Die Karten werden in einer Reihenfolge zu einer Geschichte gelegt.
- In einer Erzählwerkstatt kann das Material ständig angeboten werden.
- Die von den Kindern erstellten Pyramidengeschichten werden als Erzählmöglichkeit für andere Kinder zum Erzählen und zum Schreiben ausgelegt.
- Die Geschichten können dann zu einem Pyramidenbuch zusammengefasst werden.

Idee aus: CLAUSSEN/MERKELBACH: Erzählwerkstatt. Westermann Schulbuchverlag GmbH, Braunschweig 1995

Bereich: Gesprächserziehung

Zungenbrecher

- **Schulstufe:** 1.–3. Schuljahr
- **Teilnehmer:** 2 Kinder oder eine Gruppe
- **Ziel:** Schulung der Artikulation und des Sprechtempos, Umgang mit dem Wörterbuch trainieren, Sicherung des Alphabets

> Affen angeln abends alte Aale
>
> Bären bringen besonders bunte Briefe
>
> Chamäleon cremt Clowns
>
> Drei Dackel dösen drinnen
>
> E

Vorbereitende Aufgaben:
1. Die Kinder suchen mithilfe des Wörterbuches Wörter zu einem Buchstaben, die sich zu einem Satz zusammensetzen lassen.
2. Die Kinder bilden zu möglichst allen Buchstaben des Alphabets einen Satz, in dem möglichst alle Wörter mit dem gleichen Laut anfangen.
3. Die Sätze werden einzeln auf Karten aufgeschrieben, eventuell werden Bilder dazu gemalt.

Spielanleitung

1. Die Karten werden gemischt und verdeckt in die Mitte auf einen Stapel gelegt.
2. Das erste Kind nimmt sich die oberste Karte, liest den Satz und spricht ihn möglichst schnell ohne Fehler.
3. Hat das Kind keine Sprechfehler gemacht, darf es die Karte behalten. Ansonsten kommt die Karte wieder unter den Stapel.
4. Gewonnen hat das Kind, das die meisten Karten gesammelt hat.

Variante (Differenzierung, offener Unterricht, Weiterführung):
- Eine sprachliche Weiterführung, in der es nicht nur um das Lautspiel (gleiche Anfangslaute) geht sondern auch um Klang- und Reimfiguren, sind die „Zwicke-Verse" von JÜRGEN SPOHN. (Siehe hierzu unter **Gestaltung mit Sprache**, S. 82.)

Reise ins Fantasieland

- **Schulstufe:** 1.–2. Schuljahr
- **Teilnehmer:** 2 bis 4 Spieler
- **Ziel:** Wörter mit verschiedenen „S"-Lauten sprechen üben
- **Benötigtes Material:**
  - Spielplan
    (siehe Anhang S. 103)
  - Würfel und Spielfiguren
    (von einem Mensch-ärger-dich-nicht-Spiel)
  - Wendeplättchen

Spielanleitung

1. Auf die markierten Ereignisfelder des Spielplans werden Wendeplättchen gelegt.
2. Jeder, der auf ein Ereignisfeld kommt, spricht zur abgebildeten Situation und nennt das Teil mit dem S-Laut, das er im Bild sieht. Die übrigen Schüler passen auf, ob der Spieler auch das wesentliche Wort herausfindet.
3. Das Spiel ist zu Ende, wenn alle Plättchen abgeräumt sind.
4. Es darf vor- und rückwärts gezogen werden, um ein Ereignisfeld zu erreichen. Gewonnen hat, wer die meisten Plättchen für sich erobern konnte.

Varianten (Differenzierung, offener Unterricht, Weiterführung):
- Kinder nennen nur Gegenstände mit S-Laut.
- Kinder benennen, was es in Wirklichkeit nicht gibt.
- Kinder sprechen alle zusammen das Wort mit S-Laut nach.

Bereich: Gesprächserziehung

Dirigentenraten

- **Schulstufe:** 1.–3. Schuljahr
- **Teilnehmer:** gesamte Klasse
- **Ziel:** Schulung des Blickkontakts und der Wahrnehmungsfähigkeit

Spielanleitung

1. Ein Kind wird hinausgeschickt.
2. Die restlichen Kinder sitzen im Kreis. Ein Kind im Stuhlkreis ist der Dirigent.
3. Er beginnt pantomimisch das Spielen eines Musikinstrumentes vorzumachen.
4. Alle anderen Kinder machen es ihm nach.
5. Das Kind wird nun von draußen hereingeholt.
6. Der Dirigent wechselt unauffällig die Musikinstrumente.
7. Die anderen Kinder müssen schnell reagieren und es dem Dirigenten nachmachen.
8. Das Kind muss erraten, wer der Dirigent ist.

Varianten (Differenzierung, offener Unterricht, Weiterführung):
- Statt der Musikinstrumente können auch Tierbewegungen nachgeahmt werden.
- Es können auch leise Geräusche dazu gemacht werden.

Idee aus: POTTHOFF, ULRIKE, u. a.: Gespräche mit Kindern. Cornelsen Verlag Scriptor, Berlin 1995

Papageiengespräch

- **Schulstufe:** 1.–3. Schuljahr
- **Teilnehmer:** Gruppe oder Klasse
- **Ziel:** Schulung der Zuhörfähigkeit; Informationen müssen aufgenommen und weitergegeben werden

Spielanleitung

1. In Zweiergruppen erzählt ein Kind dem anderen ein Erlebnis (z. B. vom Wochenende, ...).
2. Das zuhörende Kind darf bei Unklarheiten nachfragen.
3. Anschließend erzählt es so genau wie möglich der Gruppe oder der Klasse von dem Erlebnis seines Partners.
4. Das erzählende Kind bestätigt das „Papageiengespräch".

Varianten (Differenzierung, offener Unterricht, Weiterführung):
- Das Erzählte kann je nach Erzähl- und Zuhörfähigkeit der Kinder variieren (von einer Erlebniserzählung bis hin zur detaillierten Vorgangsbeschreibung).
- Das Papageiengespräch kann in ein Partnerinterview verändert werden, indem zu dem Thema im Sachunterricht, dem Wochenthema oder einem Unterrichtsvorhaben von dem zuhörenden Kind Fragen gestellt werden.

Idee aus: POTTHOFF, ULRIKE, u. a.: Gespräche mit Kindern. Cornelsen Verlag Scriptor, Berlin 1995

Bereich: Gesprächserziehung

Wundertaler

- **Schulstufe:** 3./4. Schuljahr
- **Teilnehmer:** Gruppe oder Klasse
- **Ziel:** Entwicklung von Fragestrategien; Übung von Beschreibungen
- **Vorbereitende Aufgaben:** Erfahrungen mit Fragestrategien

---

Spielanleitung

1. Ein Kind hat einen Wundertaler in der Hand und kann sich *still* einen Gegenstand wünschen.
2. Die anderen Kinder fragen das Kind nach diesem Wunsch aus. *Wie er aussieht? Was man damit machen kann? Ob es schön ist damit zu spielen?*
3. Bei der Beschreibung darf man allerdings die Wörter *ja, nein, schwarz* und *weiß* nicht verwenden.
4. Die ratenden Kinder versuchen solche Fragen zu stellen, auf die man mit den verbotenen Wörtern antworten muss.
5. Gewonnen hat die Gruppe oder Klasse, wenn sie den Wunsch errät oder wenn das Kind mit den verbotenen Wörtern antwortet. Das Kind hat gewonnen, wenn nach einer vereinbarten Zeit der Wunsch nicht erraten wurde.

Variante (Differenzierung, offener Unterricht, Weiterführung):
- Die verbotenen Wörter können variiert werden. Sie können auch wegfallen. Dann kann das Spiel schon im 2. Schuljahr eingesetzt werden.

Idee nach: HOLLY/SCHWANDER: Spielen im Deutschunterricht II. Agentur Dieck, Heinsberg 1987

Wer bin ich?

- **Schulstufe:** 3./4. Schuljahr
- **Teilnehmer:** Gruppe oder Klasse
- **Ziel:** Aufbau einer Fragestrategie; Verschiedene Aspekte zur Beschreibung einer Person müssen in einer Entscheidungsfrage (ja/nein) kombiniert werden.
- **Benötigte Materialien:**
  - evtl. eine Berufeliste
- **Vorbereitende Aufgaben:** Erfahrungen mit W-Fragen und Ja/Nein-Fragen

Spielanleitung

1. Ein Kind denkt sich einen Beruf aus. Es darf ihn nicht verraten.
2. Es fragt die anderen Kinder: „*Wer bin ich?*"
3. Die anderen Kinder versuchen durch Fragen, die nur mit *ja* und *nein* beantwortet werden können, herauszufinden, welchen Beruf das Kind sich ausgedacht hat.
4. Die Nein-Antworten werden an der Tafel mit einer Strichliste gezählt. Nach 10-mal Nein ist das Spiel zu Ende.
5. Gewonnen hat die Gruppe, wenn sie den Beruf errät, oder das Kind nach 10 Nein-Antworten.

Varianten (Differenzierung, offener Unterricht, Weiterführung):

- Die Zahl der Nein-Antworten kann je nach Fähigkeit der Gruppe variiert werden.
- Das Spiel wird einfacher, wenn das Berufekind auf die Fragen der Gruppe ausführlich antworten kann. Hierbei kann das Kind seine beschreibenden Gesprächsfähigkeiten einsetzen.
- Eine Spielvariation besteht darin, dass einem Kind ein Zettel mit einem Beruf hinten auf den Rücken geheftet wird. Nun muss das Kind durch Fragen versuchen herauszufinden, welchen Beruf es hat.
- In der Freiarbeit können die Kinder Gegenstände, die in einem Fühlsack oder in einer Tastkiste sind, unter dem Motto „*Was ist das?*"in Partnerarbeit oder in kleinen Gruppen erraten.

Idee nach: HOLLY/SCHWANDER: Spielen im Deutschunterricht II. Agentur Dieck, Heinsberg 1987

Bereich: Gesprächserziehung

Ratssitzung

- **Schulstufe:** 4. Schuljahr
- **Teilnehmer:** 2 Gruppen mit mindestens 4–5 Kindern
- **Ziel:** Ausbau der Argumentationsfähigkeit; Meinungen und ihre Begründungen müssen unter Berücksichtigung ihrer Wirkung auf andere vorgebracht werden.

- **Vorbereitende Aufgaben:** Das Thema oder die bestehenden Sachverhalte müssen geklärt sein. Die Kinder kennen Meinungsbildungsprozesse in der Gruppe.

Spielanleitung

1. Eine Streitfrage anhand des Sachverhaltes wird gestellt.
2. Die beiden Gruppen entscheiden, ob sie eine Pro-Meinung zur Streitfrage oder eine Kontra-Meinung vertreten wollen.
3. Die Kinder in den Gruppen sammeln Gründe und Argumente für ihre Pro-Meinung bzw. ihre Kontra-Meinung.
4. Die Kinder entscheiden, wer welches Argument wie bzw. in welcher Weise in der Ratssitzung vorbringt.
5. Die Ratssitzung beginnt. Die beiden Gruppen bringen ihre Meinungen mit den vorbereiteten Argumenten abwechselnd vor.
6. Hieraus kann spontan ein Streitgespräch entstehen. Abschließend trägt jede Gruppe ein Schlusswort vor.
7. In der Ratssitzung (Klassengemeinschaft) wird dann über die Streitfrage abgestimmt.

Varianten (Differenzierung, offener Unterricht, Weiterführung):

- Ratssitzungen können als Pro-Kontra-Diskussion eingeführt werden mit dem Text „*Der Müllberg*" von MANFRED MAI in Kunterbunt 4, S. 76 f., Klett 1996. Hierin wird eine Sachsituation bis zur Ratssitzung vorgegeben.
- Je nach Gesprächsfähigkeit der Kinder kann die Vorbereitung in den Gruppen unterschiedlich ausfallen. Das Augenmerk kann auf den Argumenten, auf der sprecherischen Wirkungsweise, der Überzeugungskraft etc. liegen.
- Eine Ratssitzung kann als Klassenritual für Streitfragen nach der Pause oder Planungsphasen bei der Themenfindung eingeführt werden.

5.2 Spiele zum Lesen

Lesen ist ein Prozess der Verständigung zwischen einem Autor und dem Leser. Ein Text muss beim Lesen entschlüsselt werden. Um einen Text zu verstehen, müssen sprachliche und außersprachliche Erfahrungen aktiviert werden. Vielfältige Teilleistungen müssen erbracht werden, damit ein Kind in einer bestimmten Situation einem Text Inhalte entnehmen kann.

Der Weg zum Lesen ist nicht gradlinig, sondern erfordert viele Erfahrungen mit Schrift in sehr unterschiedlichen Kontexten. In dem Miteinander von Lernen und Spielen eröffnen sich für die Schule Möglichkeiten, diesen komplexen Prozess des Lesenlernens durch vielfältige Angebote und Zugangsweisen zu fördern. Spielen heißt hier, Erfahrenes und Wissen zu aktivieren, in einem Spielzusammenhang anzuwenden, eventuell Neues zu entdecken und mit anderen zu reflektieren.

Ziele zu den Spielen zum Lesen

Grundsätzliches Ziel der Spiele zum Lesen ist es, Grundlagen, die Kinder in ihren schulischen und außerschulischen Tätigkeiten erworben haben, zu sichern und ihnen Spaß und Freude am Lesen zu vermitteln.

In unserer Kultur ist die Schrift eine Lautschrift. Deshalb müssen Kinder auf dem Weg zum Lesen

- Buchstaben als Zeichen für Laute kennen lernen,
- Klangbilder mit grafischen Zeichen verbinden lernen,
- den Zusammenhang zwischen der Buchstaben- und Lautfolge und der Bedeutung der Wörter erkennen und
- Wörter als Bedeutungsträger in unterschiedlichen Kontexten erfahren.

Beim Lesenlernen wenden sie sowohl lautorientierte wie auch alphabetische Strategien an. Sie lautieren Wörter, um im Vergleich mit einem Klangbild die Wortbedeutung zu erfassen. Des Weiteren bauen sie sich so etwas wie ein gedächtnismäßiges Lexikon von häufig vorkommenden und genutzten Wörtern auf, um Wortbilder mit ihren Wortbedeutungen schneller auffinden zu können. Je häufiger Kinder einen bestimmten Wortschatz lautiert bzw. ihn schriftsprachlich und lesend trainiert haben, desto schnelleren Zugriff haben sie auf dieses gedächtnismäßige Lexikon.

Zur Unterstützung dieses Trainings eignen sich besonders auch Lesespiele. Des Weiteren sorgt im Unterricht eine anregende Umgebung für eine mögliche Lesemotivation der Schüler.

Spiele zum Lesen

Wir haben Spiele ausgesucht, in denen die Kinder sowohl ihre visuelle als auch ihre auditive Wahrnehmung schulen können. Der integrative Ansatz des Sprachunterrichts wird darin deutlich, dass diese Spiele ebenfalls zur Sicherung eines Grundwortschatzes dienen und damit erste Rechtschreibstrategien anbahnen. In weiteren Spielen wird zum genauen Lesen und Entdecken bestimmter Textstellen angeregt.

Die Kinder können in diesen Spielen
- ihre Buchstabenkenntnis festigen
  (Arche Noah, Wörterkreuz)
- auditive und visuelle Fähigkeiten zur Lautdifferenzierung schulen
  (Schnecke-Spinne-Storch-Spiel, ABC-Anlaut-Spiel)
- eine ganzheitliche Worterfassung trainieren
  (Magnet-Buchstabierspiel)
- die Sinnhaftigkeit von Wörtern, Texten und Sätzen erfahren
  (Klapp-Lesebuch, N8 heißt Nacht)
- unterschiedliche Texte erproben
  (Wörter-Piktogramm, Olchi-Spiel, Durch eine Postkarte kriechen)

Arche Noah

- **Schulstufe:** 1. Schuljahr
- **Teilnehmer:** 2 bis 3 Spieler
- **Ziel:** Anlaute zu Tiernamen finden und bestimmen; Sicherung eines ausgewählten Buchstabenschatzes
- **Benötigte Materialien:**
  - Würfel
  - je Kind zwischen 6 und 10 Wendeplättchen aus dem Mathematikunterricht
  - Kopie des Spielplans
    (siehe Anhang S. 104, möglichst auf A3 kopieren)
  - Kopie der Treppen (ausschneiden, auf Pappe kleben)

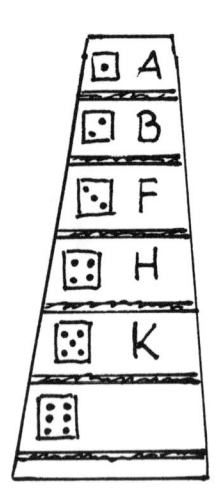

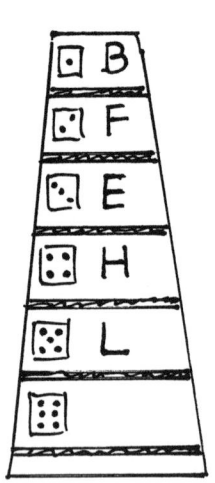

- **Vorbereitende Aufgaben:**
  - Buchstaben A, B, E, F, H, K, L, Sch erarbeiten oder
  - Einführung in die Arbeit mit einer Anlauttabelle, um fehlende Buchstaben selbstständig zu finden

Bereich: Buchstabensicherung

Spielanleitung

1. Jeder Schüler legt „seine" Treppe an die Arche.
2. Die Schüler würfeln jeder eine Zahl.
3. Entsprechend der Augenzahl sucht sich jeder Schüler ein Tier mit dem Buchstaben seiner Treppe und legt ein Wendeplättchen auf das Bild. Die übrigen Schüler kontrollieren, ob der Anlaut richtig benannt wurde.
4. Wer eine 6 würfelt, darf sich ein Tier aussuchen, muss aber den Anlaut richtig nennen.
5. Sieger ist, wer als erster seine Plättchen aufgebraucht hat.

Varianten (Differenzierung, offener Unterricht, Weiterführung):

- Je weniger Plättchen jedes Kind hat (zwischen 6 und 10), desto eher ist das Spiel beendet, desto größer auch die Wahrscheinlichkeit, ein passendes Tier zu finden.
- Jedes Kind sucht sich *einen* Buchstaben von seiner Treppe aus, bei dem es entweder noch einmal würfeln oder sich ein Tier seiner Wahl aussuchen kann. Es kann den persönlich schwersten/leichtesten Buchstaben nehmen.
- Zur Kontrolle schreiben Sie auf eine 2. Kopie die Anlaute zu den Bildern, ein Schüler kontrolliert mit dem Blatt. (Denken Sie daran, dass vielleicht die Ameise unten als Käfer identifiziert wird oder der Fuchs als Hund. Bitten Sie die Kinder um Rückmeldung, wenn sie für ein Tier keinen Buchstaben finden.)
- An Stelle des Themas „Tiere" können Sie auch andere Themen aussuchen (Gegenstände aus dem Kinderzimmer für eine „Kramkiste" oder Gegenstände für die Schule in einem Tornister).
- Lassen Sie die Kinder bei der Erarbeitung einer Variante (Kramkiste) aus Bildern und ihren Anlauten selbst eine Wörterliste erstellen und nutzen Sie diese, wenn Sie die Vorlage erstellen.

Das Schnecke-Spinne-Storch-Spiel

- **Schulstufe:** 1./2. Schuljahr
- **Teilnehmer:** 2 bis 4 Spieler
- **Ziel:** Schulung der auditiven Fähigkeiten; Sicherung der Buchstabenfolgen sch, sp, st; Wahrnehmungsschulung
- **Benötigte Materialien:**
  - ein Spielplan (im Anhang S. 105)
  - ein Püppchen pro Person
  - ein Würfel
- **Vorbereitende Aufgaben:**
  - Die Buchstabenkombinationen sch, st und sp müssen eingeführt sein.
  - Die Bildkarten müssen in ihrer Bedeutung mit den Kindern geklärt werden.

Spielanleitung

1. Jedes Kind bekommt eine Spielfigur, die es auf Start setzt. Das Kind mit der höchsten gewürfelten Augenzahl beginnt.
2. Kommt ein Kind auf ein Feld mit einer Buchstabenkombination z. B. *Schw* darf es auf ein Bild vorrücken oder zurückgehen, bei dessen Wort es die Lautkombination hört. Es muss das Wort laut aussprechen, damit die anderen Kinder es kontrollieren können.
3. Kommt ein Kind auf ein Feld mit einem Bild, muss es das dazugehörige Wort laut aussprechen, das passende Buchstabenfeld suchen und dorthin vorrücken oder zurückgehen.
4. Kommt ein Kind auf ein leeres Feld, muss es die Leiter entweder hinunter- oder hinaufgehen.
5. Kommt ein Kind auf ein Gesichterfeld, darf es zur nächsten Buchstabenkombination vorrücken.
6. Gewonnen hat das Kind, das als erstes das Ziel erreicht.

Varianten (Differenzierung, offener Unterricht, Weiterführung):

- Findet ein Kind auf einem Buchstabenfeld weitere Wörter (Anzahl kann je nach Geläufigkeit des Spiels festgelegt werden) mit der Buchstabenkombination im Anlaut, darf es auf ein Gesichterfeld vorrücken.
- Auf einem Buchstabenfeld muss zunächst mindestens ein Verb mit der Buchstabenkombination gefunden werden, bevor auf das passende Bildfeld gerückt werden darf. Findet das Kind kein passendes Verb, bleibt es bis zur nächsten Würfelrunde auf dem Feld stehen.

Bereich: Buchstabensicherung

Das ABC-Anlaut-Spiel

- **Schulstufe:** 1./2. Schuljahr
- **Teilnehmer:** 1 bis 4 Spieler
- **Ziel:** Schulung der auditiven Wahrnehmung; Sicherung der Anlaute durch gezieltes Hinhören; Sicherung des ABC
- **Benötigte Materialien:**
  - ein Spielplan (im Anhang S. 106)
  - ein Püppchen pro Person
  - ein Würfel
  - Buchstabenplättchen
- **Vorbereitende Aufgaben:**
  1. Kenntnis aller Buchstaben des Alphabets. Die Buchstaben des Alphabets werden auf kleine Pappkärtchen geschrieben.
  2. Die Bilder müssen in ihrer Bedeutung mit den Kindern geklärt werden.

Spielanleitung

1. Jedes Kind bekommt eine Spielfigur, die es auf Start setzt. Das Kind mit der höchsten gewürfelten Augenzahl beginnt.
2. Die Kinder würfeln und setzen ihre Spielfiguren entsprechend der Augenzahl vor. Wer eine 6 würfelt, darf nochmal würfeln.
3. Die Kinder sprechen das Wort von dem Bildfeld laut aus und suchen sich aus den Buchstabenplättchen den passenden Anlaut. Das Buchstabenplättchen dürfen sie behalten, die anderen Kinder kontrollieren.
4. Wer einen falschen Anlaut nennt, muss einmal aussetzen.
5. Gewonnen haben die Kinder, die als erstes im Ziel angelangt sind und die die meisten Plättchen gesammelt haben.
6. Zur Kontrolle gibt es den Spielplan als Arbeitsblatt mit den Anlauten.

Varianten (Differenzierung, offener Unterricht, Weiterführung):
- Das Spiel ist vorwiegend als Freiarbeitsmaterial gedacht. Variationsmöglichkeiten liegen in den Plättchen: Es können alle Buchstaben doppelt vorhanden sein oder es können die beiden ersten Buchstaben jeweils als Hilfe aufgeführt sein.

Magnet-Buchstabierspiel

- **Schulstufe:** 1. Schuljahr
- **Teilnehmer:** 1 bis 2 Spieler
- **Ziel:** Mithilfe von Wortnachbildungen und Zählen von Buchstaben erste Überprüfungsstrategie einüben.

Ball								
Puppe								
Auto								
Seil								
Legos								
Teddy								
Kasper								
Würfel								
Roller								
Fahrrad								

Bereich: Buchstabensicherung

■ **Benötigtes Material:**
- Magnet-Buchstabierspiel (Günter Webers Verlag, Kamen) oder Buchstabensteine (Lego, Scrabble) oder Buchstabenkärtchen (Cornelsen Verlag, Berlin) etc.
- fester Karton (A4)

Spielanleitung
1. Bilder und Wörter ansehen.
2. Wörter abdecken.
3. Magnetbuchstaben zu Wörtern heraussuchen und auf die Felder legen, dazu sprechen.
4. Wörter aufdecken und mit eigenem Nachbild vergleichen.
5. Buchstabenanzahl im vorgegebenen Wort und im eigenen Nachbild zählen.

Varianten (Differenzierung, offener Unterricht, Weiterführung):
- Statt der vorgegebenen Wörter geben Sie eigene Wörter mit Bildern in das Raster ein.
- Nutzen Sie nur das Prinzip und erstellen kleine Sätze mit Lückenwörtern aus der aktuellen Unterrichtsthematik, die dann die Schüler mit Buchstabenplättchen ergänzen.
- Zwei Schüler legen abwechselnd Wörter nach und kontrollieren jeweils das Ergebnis des anderen.
- Schüler decken alle Wörter ab und legen nur die Anlaute (An- und Endlaute) zu den jeweiligen Bildern. Anschließend die Anlaute vergleichen.

Wörterkreuz

- **Schulstufe:** 1.– 2. Schuljahr
- **Teilnehmer:** 1 bis 2 Spieler (kann später auf bis zu 6 ausgebaut werden)
- **Ziel:** Buchstaben als sinnstiftende, jedoch nicht sinnhaltige Symbole erfahren; mit Anlautbildern in Kreuzworträtsel einsteigen
- **Benötigtes Material:**
  - Anlautkarten für Schüler (z. B. von der Bausteine-Fibel) oder selbst erstellte Anlautkarten passend zur Anlauttabelle oder zur eigenen Fibel
  - Papier mit größeren Rechenkästchen
  - Bleistift
- **Vorbereitende Aufgaben:** Aus Anlautbildern neue Wörter bilden, diese waagerecht und senkrecht legen und lesen.

Spielanleitung

1. Mit Anlautbildern Wörter lautierend aufbauen.
2. Anhand gleicher Anlautbilder identische Buchstaben erkennen und Wörter in Form eines Wortkreuzes miteinander verschränken.
3. Wortkreuz mit Bleistift aufschreiben.
4. Wortkreuz nach Vorlage abmalen und mit Bildern kennzeichnen, damit andere Schüler dies als erstes Kreuzworträtsel lösen können.

Varianten (Differenzierung, offener Unterricht, Weiterführung):

- Leichteste Variante: Einfache, lautgetreue Wörter (z. B. in Form von Bildern) den Kindern zur Auswahl stellen.
- Kinder zu einem Thema selbst Wörter finden und aufbauen lassen. Wörter, die keine Überschneidungsmöglichkeiten bieten, verwerfen und neue Wörter aufbauen.
- Einer größeren Gruppe von Kindern die Aufgabe stellen, mehrere Wörter in einer Figur zu vereinen.
- Kinder gestalten eigene Wörterkreuze für andere Kinder der Klasse. Gefundene Wörter in der Wörterliste (Wörterbuch mit Lehrerhilfe) suchen und überprüfen.

Bereich: Lesen

Klapp-Lesebuch

- **Schulstufe:** 1./2. Schuljahr
- **Teilnehmer:** 2 oder 4 Spieler
- **Ziel:** Lesefertigkeit trainieren; Freude am Lesen erleben; erste Erfahrungen mit Satzgliedern

Das Schwein   grunzt   laut   in den Trog.

- **Vorbereitende Maßnahmen:**
1. Auf vier verschiedenfarbige Tonpapierstreifen werden die Satzglieder eines Satzes geschrieben; z. B.:
Nomen: rot   Verben: blau   Adjektive: grün   Ortsbestimmung: gelb

| **Die Schnecke** | **kriecht** | **langsam** | **im Salat.** |
| **Die Biene** | **fliegt** | **leise** | **im Bienenhaus.** |

2. Die Tonpapierstreifen werden am Anfang gelocht (ein Loch). Zwei Heftstreifen werden so zusammengeklebt, dass die vier Tonpapierstreifen untereinander geheftet werden können.
3. Die Lehrerin oder die Kinder denken sich mehrere solcher Sätze aus, schreiben sie auf Tonpapierstreifen und heften sie in das Klapp-Lesebuch.

Spielanleitung

für eine Partnerarbeit:
1. Das Kind schlägt die verschiedenen Tonpapierstreifen an beliebigen Stellen auf und liest den so entstandenen Satz einem Partner vor.
2. Nun ist der Partner an der Reihe.

für eine Gruppenarbeit:
1. Die Streifen werden aus dem Klappbuch genommen und in Stapeln umgedreht auf den Tisch gelegt. Die einzelnen Stapel werden gemischt.
2. Jedes Kind nimmt sich einen andersfarbigen Tonpapierstreifen.
3. Die Kinder lesen ihren Lesestreifen in der richtigen Reihenfolge vor. (Das heißt, sie müssen entscheiden nach Subjekt, Prädikat, adverbialer Bestimmung und Ortsbestimmung.)
4. Es entstehen sinnvolle und unsinnige Sätze.
5. Die Lesestreifen werden unter die jeweiligen Stapel gelegt und die Kinder ziehen neue Lesestreifen.

Varianten (Differenzierung, offener Unterricht, Weiterführung):
- Die Kinder können im 3. Schuljahr die Klapp-Lesebücher selber herstellen.
- Für Leseanfänger kann das Nomen bildlich unterstützt werden.

N8 heißt Nacht

- **Schulstufe:** 2./3. Schuljahr
- **Teilnehmer:** 2 bis 6 Spieler
- **Ziel:** Mithilfe von Bildern, Zahlen oder Zeichen lesedidaktische Signalgruppen (häufige Buchstabenkombinationen, Wortteile) in Wörtern hervorheben und dadurch auf Rechtschreib- und Lesehilfen aufmerksam werden.
- **Benötigtes Material:**
  - Karteikarten
  - bunte Stifte
  - Wörterbücher, Wortlisten etc.

> Mitten in der finstern N *8*
> bin ich plötzlich aufgew *8*
> Da habe ich so nachged *8*
> „Was hat mich denn nur wachgem *8*?"

- **Vorbereitende Aufgaben:**
  - Möglichkeiten mit Kindern erarbeiten, welche Wortteile sich zum Austausch mit Bildern, Zeichen, Zahlen eignen. Dazu einzelne Beispiele geben und Kinder weitere Wörter finden lassen.
  - Geeignet sind:
    1. an Stelle des „ei" ein Ei malen
    2. an Stelle der Silbe „ein" bzw. „acht" eine „1" bzw. „8" schreiben
    3. an Stelle des Wortteils „und" ein „+" setzen

Spielanleitung

1. Die Kinder suchen einzelne Wörter mündlich oder in Wörterbüchern und -listen, die sich für die spielerische Umwandlung eignen.
2. Die gefundenen Wörter werden in kleine Sätze/Texte eingebunden und die entsprechenden Stellen grafisch besonders hervorgehoben.
3. Die Texte werden mit anderen Schülern/Gruppen ausgetauscht und in einem Wettlesespiel (entweder einzelne Sätze oder ganze Texte) vorgetragen.

Varianten (Differenzierung, offener Unterricht, Weiterführung):
- Schon im 1. Schuljahr kann man mit einem ausgewählten Wortschatz die Wortteile:
  – „und" – „ein" – „aus"
  als Schreib- und Lesestützen den Kindern anbieten. Dazu können die Kinder gleiche Wortteile farbig markieren und dann weitere Beispiele selbst finden.
- Ab dem 3. Schuljahr können Schüler solche Signalgruppen selbst suchen und Texte mit Auslassungsstellen grafisch besonders gestalten. Dabei muss die Auslassungsstelle nicht unbedingt die Signalgruppe inhaltlich repräsentieren. Es genügt auch ein dem Textinhalt angemessenes Zeichen (z. B. ein Blatt für einen Text über den Herbst, in dem die beiden Buchstaben „um" durch das Bild ersetzt werden). Die Aufgabe für die Kontrollgruppe besteht dann darin herauszufinden, mit welchen Buchstaben die Leerstellen zu füllen sind.
- Im 3./4. Schuljahr können Schüler auch ganze Wörter suchen, die den Sinn des Wortes nicht repräsentieren.
  Zum Beispiel: O-STERN, GE-STERN.
  (Weitere Beispiele in: STEFFENS, WILHELM: Spielen mit Sprache im ersten bis sechsten Schuljahr. Schneider Vg. Hohengehren. Baltmannsweiler 1998, Seite 69–72.)

Wörter-Piktogramm

- **Schulstufe:** Mitte 1.–2. Schuljahr
- **Teilnehmer:** 3 bis 4 Spieler
- **Ziel:** Durch Sprachbilder zum genauen Lesen und Entdecken versteckter Wörter anregen
- **Benötigte Materialien:**
  - Kopien
  - Blätter
  - Karteikarten
  - farbige Stifte

Brötchen Bröt
chen Brötchen Brötch
en Brötchen Brötchen Bröt
chen Brötchen Brötchen Bröt
chen Käse Tomate Käse Brötch
en Brötchen Brötchen Brötchen
Brötchen Brötchen Brötchen
Brötchen Brötchen Brötc
hen Brötchen Brot

Baum Baum Baum
Baum Baum Baum
Baum Baum Baum
Baum Baum Baum
Baum Baum Baum
Baum Birne Baum
Baum Baum Baum
Baum Baum Baum
Baum Baum
Baum Baum

Fehler Fehler Fehler Fe
hler Fehler Fehler Fehl
er Fehler Fehler Fehler
Fehler Fehler Felher Fe
hler Fehler Fehler Fehl
er Fehler Fehler Fehler
Fehler Fehler Fehler Fe
hler Fehler Fehler Fehl
er Fehler Fehler Fehler

- **Vorbereitende Aufgaben:**
  - Beispiele vergrößern, als Kopie austeilen, Schüler selbst die Kriterien für die Darstellung herausfinden lassen
  - Beispiele sammeln, die sich für eine Darstellung auch eignen könnten

Bereich: Lesen

Spielanleitung

1. Spielergruppe zeichnet den Umriss des gewählten Beispiels auf ein Blatt Papier (A5 oder A6). Die Gruppenmitglieder schreiben abwechselnd in den vereinbarten Farben die Wörter hinein. Die fertigen Ergebnisse werden ausgeschnitten und auf Karten geklebt.
2. Mehrere Karten werden verdeckt auf dem Tisch verteilt.
3. Reihum deckt jeder Spieler eine Karte auf. Die anderen Spieler zählen bis 5.
4. Findet der Spieler das Wort, kann er die Karte behalten. Sonst muss er die Karte wieder umdrehen.

Varianten (Differenzierung, offener Unterricht, Weiterführung):
- Es werden mehrere Beispiele, die einfach umzusetzen sind, vorgegeben, damit ein gewisser Grundstock an Materialien den Schülern zur Verfügung steht. *Beispiele:*
  - Wurm im Apfel
  - Rosine im Kuchen
  - Hand mit einem Ring am Finger
  - See mit einem Fisch/Hut/Frosch/Seerose
  - Haus mit einer Tür
  - Blätterhaufen mit einem Igel
  - Kranz mit Blättern und einer Blume ...
- Der Lehrer kopiert 9 Beispiele auf Folie und schneidet sie in Kartenform aus. Er zeichnet die Umrisse in 9 Bingo-Felder. Der Lehrer zeigt die Beispiele kurz auf dem OHP, die Schüler versuchen, das versteckte Wort zu finden. Sie erhalten dann Zeit, um es in den Umriss zu schreiben. Wer als erster 3 Wörter waagerecht, senkrecht oder diagonal gefunden hat, ist Bingo-König.

Olchi-Spiel

- **Schulstufe:** 2./3. Schuljahr
- **Teilnehmer:** 2 bis 6 Spieler
- **Ziel:** Im Zusammenhang mit der Lektüre einer Ganzschrift werden bedeutungsvolle Textpassagen ins Bewusstsein der Kinder gehoben. Sie werden angeregt, Textstellen mit einer bestimmten Information zu lesen.
- **Benötigte Materialien:**
  - Olchi-Buch („Die Olchis sind da" von Erhard Dietl, Verlag Friedrich Oetinger, Hamburg 1990)
  - ein Spielplan (Kopie im Anhang S. 107. Sie wird kopiert, vergrößert und auf Pappe aufgeklebt.)
  - ein Püppchen pro Person
  - ein Würfel
  - die Ereigniskarten (Sie werden auf Tonpapier kopiert und ausgeschnitten. Die kursiv gedruckten Antworten werden weggeschnitten. Sie gehören nur auf das Kontrollblatt, damit die Kinder die Antworten kontrollieren können.)
- **Vorbereitende Aufgaben:** Das Buch von Erhard Dietl „Die Olchis sind da" muss mit den Kindern gelesen werden.

Spielanleitung

1. Es wird gewürfelt. Wer eine 6 würfelt, darf anfangen. Es wird mit dem Püppchen die gewürfelte Zahl gezogen.
2. Kommt ein Kind auf ein Feld mit einem Olchi-Gesicht, muss es eine Ereigniskarte ziehen.
3. Es liest die Frage auf der Karte laut vor und versucht sie zu beantworten.
4. Die anderen Kinder kontrollieren die Antwort, die auf dem Kontrollblatt steht.
5. Hat das Kind die richtige Antwort gefunden, darf es dort stehen bleiben.
6. Hat es die Antwort nicht gewusst, geht es zurück auf das letzte Fledermaus-Feld.
7. Danach ist das nächste Kind an der Reihe.
8. Gewonnen hat das Kind, das als erstes ins Ziel kommt.

Varianten (Differenzierung, offener Unterricht, Weiterführung):
- Solch ein Ereignisspiel kann leicht für die anderen Olchi-Bücher angefertigt werden. Der Lehrer liest das jeweilige Buch, denkt sich Fragen zu einzelnen Ereignissen oder Figuren aus und schreibt sie auf Karten. Der Spielplan kann verwendet werden.

Bereich: Lesen 51

- Die Antworten können auch von den Spielern aus dem Buch herausgesucht werden.

Wozu sind die Hörner auf den Köpfen der Olchis da? – *zum Hören*	Was sagen die Olchis, wenn etwas stinkt? – *Das riecht olchig.*
Welche kleinen Tiere mögen den Geruch von Olchis? – *die Fliegen*	Wie heißt der ständige Ausspruch von Olchi-Papa? – *Muffel-Furz-Teufel*
In welchem Schwimmbecken lernt Olchi-Opa schwimmen? – *in einem Ölfass*	Wann ist Olchi-Opa das letzte Mal nass geworden? – *vor 94 Jahren*
Wie heißt der aller schrecklichste Olchi-Fluch? – *Grrumpf-Spotz-Würg-Spei-Schleim-Schlamm- und Käsefuß*	Womit reiben sich Olchis gegen Sonnenbrand ein? – *mit Fahrradöl*
Wie heißt die Fledermaus der Olchis? – *Flutschi*	Wie heißt Babys Schlange? – *Alfred*
Was nimmt Olchi-Papa als Kopfstütze zum Lesen? – *einen langen Bordstein*	Wie heißt der grüne Drache der Olchis? – *Feuerstuhl*
Was müssen die Olchis sagen, damit Feuerstuhl startet? – *Spotz-Rotz*	Wie klingt Feuerstuhl, wenn er auf vollen Touren fliegt? – *wie ein riesengroßer Staubsauger*
Was nimmt Olchi-Baby als Schnuller? – *einen Stein*	Wovon wird den Olchis schlecht? – *von frischer Luft*
Was braten die Olchis am Strand? – *einen Schuh*	Mit wem schließt Feuerstuhl am Strand Freundschaft? – *mit einem kleinen roten Seestern*
Wen und was verlieren die Olchis auf dem Rückflug vom Strand? – *einen Käfig mit Flutschi und dem Olchi-Baby*	Wer rettet das Olchi-Baby aus dem Meer? – *Olchi-Opa*
Was essen die Olchis, als sie von ihrem Ausflug zurückgekommen sind? – *einen Olchi-Kuchen*	Womit werden Olchi-Kuchen garniert? – *mit klein geschnittenen Schuhbändern und kaltem Schneckensaft*
Was gibt es bei den Olchis zum Nachtisch? – *ein Stück Seife*	Wo schlafen die Olchi-Eltern? – *in einer Obstkiste*

Durch eine Postkarte kriechen

- **Schulstufe:** 3. Schuljahr
- **Teilnehmer:** 1 Spieler
- **Ziel:** informatives Lesen üben
- **Benötigte Materialien:**
  - eine Postkarte
  - eine Schere

Wie kannst du durch eine Postkarte kriechen?

Spielanleitung

1. Knicke eine Postkarte längs, so dass die beiden langen Seiten aufeinander liegen.
2. Zeichne *parallel* zu der kurzen Seite der Karte Linien *im Abstand von 1 cm* auf die Karte.
3. Zeichne nun *entlang der beiden Längsseiten* jeweils *eine* Linie im Abstand von ebenfalls *1 cm*.
4. Schneide mit einer Schere *von der geschlossenen Längsseite* der geknickten Karte bis zu der Linie auf der gegenüberliegenden Längsseite (vor den offenen Seiten) ein.
5. Drehe die geknickte Postkarte um und schneide *von der offenen Längsseite* (beide Kanten müssen weiterhin aufeinanderliegen) auf der nächsten Linie bis zur Linie auf der gegenüberliegenden Längsseite.
6. Dies *wiederhole im Wechsel* (einmal von der geschlossenen Längsseite aus und das andere Mal von der geöffneten Längsseite aus) bis zum Ende der Postkarte. Der letzte Schnitt muss von der geschlossenen Längsseite aus erfolgen.
7. Schneide nun die geschlossenen kleinen Abschnitte auf der Längsseite auf. **Achtung:** Den ersten und den letzten Abschnitt darfst du **nicht** aufschneiden.
8. Ziehe vorsichtig an dem ersten und letzten Abschnitt die Postkarte auseinander.
9. Nun kannst du hindurchkriechen.

5.3 Spiele zur Rechtschreibung

Die heutige Sichtweise der Vermittlung von Rechtschreibung hat sich vom Fehlervermeidungskonzept längst abgewandt und sieht die Rechtschreibentwicklung eines Kindes mit allen Irrtümern als eine stufenweise Annäherung an die richtige Schreibweise an. Diese Sichtweise hat jedoch nicht den Blick darauf verstellt, dass auch in unserer heutigen Gesellschaft die Beherrschung der Orthografie immer noch eine wichtige Fähigkeit für den beruflichen Erfolg darstellt.

In der Grundschule steht der Aufbau eines Grundwortschatzes an einer zentralen Stelle. Er soll bei aller Reduktion auf wichtige und häufig geschriebene Wörter der deutschen Sprache auch die Möglichkeit enthalten, die wichtigsten Regeln der Orthografie an Beispielen zu erlernen, die einen Transfer auf weitere Wörter ermöglichen. Regelhaftigkeiten sollen auf dem Wege des entdeckenden Lernens induktiv entwickelt werden, um Kindern zu helfen, ihre Erkenntnisse in ihrer eigenen altersgemäßen Sprache zu verfassen.

Ziele zu den Rechtschreibspielen

Die Vermittlung wichtiger Strategien hilft Kindern auf ihrem Weg zur richtigen Schreibweise. Dazu gehören
- die Beherrschung des alphabetischen Prinzips unserer Schriftsprache
- das richtige Abschreiben
- das Gliederungsprinzip unserer Sprache (Stammprinzip, Silbenbildung)
- der Umgang mit dem Wörterbuch
- das Entdecken eigener Fehler
- die Einsicht und Übertragung wichtiger Regelungen.

Alphabetische Strategien werden im Bereich „Lesen" dieses Bandes aufgegriffen. Um richtig abschreiben zu können, müssen vor allem visuelle Fähigkeiten des Kindes trainiert werden, das bedeutet immer wieder Rückblicke auf das Wort, seine Gestalt und seine besonderen Merkmale. Gliederungsprinzipien unserer Sprache beziehen sich auf die Morphembauweise (Wortfamilien), ihre gleichbleibenden Endungen (z. B. Pluralbildung, Endungen der Verben, Steigerungsform der Adjektive, Vorsilben). Silbentrennung unterstützt die akustische Durchgliederung des Wortes und hilft damit auch bei dem verlangsamten Aufschreiben, das für viele Kinder gerade in den ersten beiden Schuljahren oft ein Problem darstellt.

Der Umgang mit dem Wörterbuch steht bei vielen Lehrern oft erst ab der Mitte des 2. Schuljahres auf dem Plan. Dabei sind viele Kinder schon in der Lage, bereits in der ersten Klasse damit zu arbeiten, wenn sie entsprechendes Material an die Hand bekommen. Auch die Arbeit mit einer ersten kleinen Wörterkartei führt in den Gebrauch des Wörterbuches ein und erleichtert später den sicheren Umgang damit. Nicht verständlich ist, warum heute im Unterricht der Grundschule immer noch Diktate geschrieben werden, ohne dass Kinder lernen konnten, wie man Fehler in eigenen Texten entdeckt. Die eigene Schreibweise in Frage zu stellen ist deshalb von großer Bedeutung und sollte immer wieder im Blickpunkt stehen. Sie muss allerdings dann unterstützt werden von der Möglichkeit, die Unsicherheit durch Nachschlagen beseitigen zu können.

Die wichtigsten Strategien sind in den folgenden Spielen enthalten. Die Kinder können

- durch genaues Hinsehen Wörter richtig abschreiben
  (Wörterversteck, Schatzkarte mit Geheimsprache, Wörter versenken)
- das Gliederungsprinzip unserer Sprache erkennen und spielerisch einüben
  (Klangspiel, Eichhörnchen-Reimspiel)
- den Umgang mit dem Wörterbuch trainieren
  (Wörterzauber, Tic-Tac-Toe)
- Fehler entdecken
  (Post für den Tiger)
- Einsicht in wichtige Regelungen der Sprache gewinnen
  (Räubern, Zwillinge gesucht, Meisterdetektive-Computer-Software)

Bereich: Rechtschreibung 55

Wörterversteck

- **Schulstufe:** Mitte 1.–3. Schuljahr
- **Teilnehmer:** 2 bis 4 Spieler
- **Ziel:** Ganzheitliche Worterfassung trainieren
- **Benötigte Materialien:**
  - Wendeplättchen (15 je Spieler)
  - Vorlage
  - Würfel
- **Vorbereitende Aufgaben:**
  - Grundwortschatz der jeweiligen Thematik auswählen
  - Tabelle erstellen, Wörter einpassen (möglichst wenige Vokale als Füllbuchstaben verwenden, sonst lautieren Kinder falsche Wörter!)

Beispiel für Anfang 2. Schuljahr
Suche 6 Wörter waagerecht, 3 Wörter senkrecht!

M	T	A	F	E	L	A	G
L	I	C	H	T	T	S	B
G	S	T	U	H	L	O	L
F	C	I	F	R	A	D	U
U	H	R	S	Q	M	A	M
Z	B	K	O	R	P	G	E
T	Z	A	P	Ü	E	X	A
W	H	E	I	Z	U	N	G

Spielanleitung

1. Abwechselnd wird gewürfelt, bei einer 1 oder einer 6 kann man sich ein Wort suchen und mit dem Buntstift unterstreichen.
2. Stimmen die übrigen Spieler zu, darf man seine Wendeplättchen auf die *überflüssigen* Buchstaben der Reihe (waagerecht *oder* senkrecht) legen.
3. Gewinner ist, wer
   a) als erster keine Plättchen mehr hat,
   b) die meisten Wörter gefunden hat,
   c) die meisten Plättchen weglegen konnte (nur bei 2 Spielern möglich).

Varianten (Differenzierung, offener Unterricht, Weiterführung):
- Die Wörter können auch in unterschiedlichen Farben angemalt werden.
- Die Wörter werden der Reihe nach ins Heft eingetragen. Am Schluss des Spiels vergleichen die Spieler gegenseitig, ob alle Wörter richtig geschrieben wurden. Fehlerhafte Wörter erhalten Punktabzug.

Schatzkarte mit Geheimsprache

- **Schulstufe:** 1.–3. Schuljahr
- **Teilnehmer:** 1 bis 4 Spieler
- **Ziel:** Durch Beachten von Ober-/Unterlängen und der Buchstabenanzahl Wörter des Grund-/Übungswortschatzes in grafischen Zeichen wiedererkennen und durch Einsetzen der Buchstaben auf ihre Richtigkeit hin überprüfen.
- **Benötigte Materialien:**
  - ein Würfel
  - ein Püppchen pro Person
  - Wendeplättchen (je Spieler 15)
- **Vorbereitende Aufgaben: Prinzip der Geheimschrift mit Schülern klären:**
1. Pro Buchstabe ein Kästchen (Strich).
2. Ober-/Unterlängen der Buchstaben durch Länge der Striche erkennbar.
3. Umlaute zählen als Oberlänge.

Welches Wort versteckt sich hinter diesen Karten?

Bein Hand Kopf Auge   *Hand*

Welche Buchstaben siehst du hier von der Seite?

Bein Hand Kopf Auge   *Auge*

Spielanleitung

1. Wendeplättchen werden als „Schlüssel" auf die markierten Felder gelegt.
2. Schüler würfeln reihum und beginnen beim Anker.
3. Wer das erste Geheimfeld erreicht, überlegt sich, welches Wort sich hier verstecken könnte.
4. Wer ein passendes Wort geraten hat, darf den Schlüssel nehmen.
5. Wer keine Möglichkeit findet, muss beim nächsten Würfeln rückwärts gehen.
6. Wer die meisten Schlüssel auf dem Weg zum Schatz gefunden hat, darf sich ein Geheimwort ausdenken, woraus der Schatz besteht.

Bereich: Rechtschreibung 57

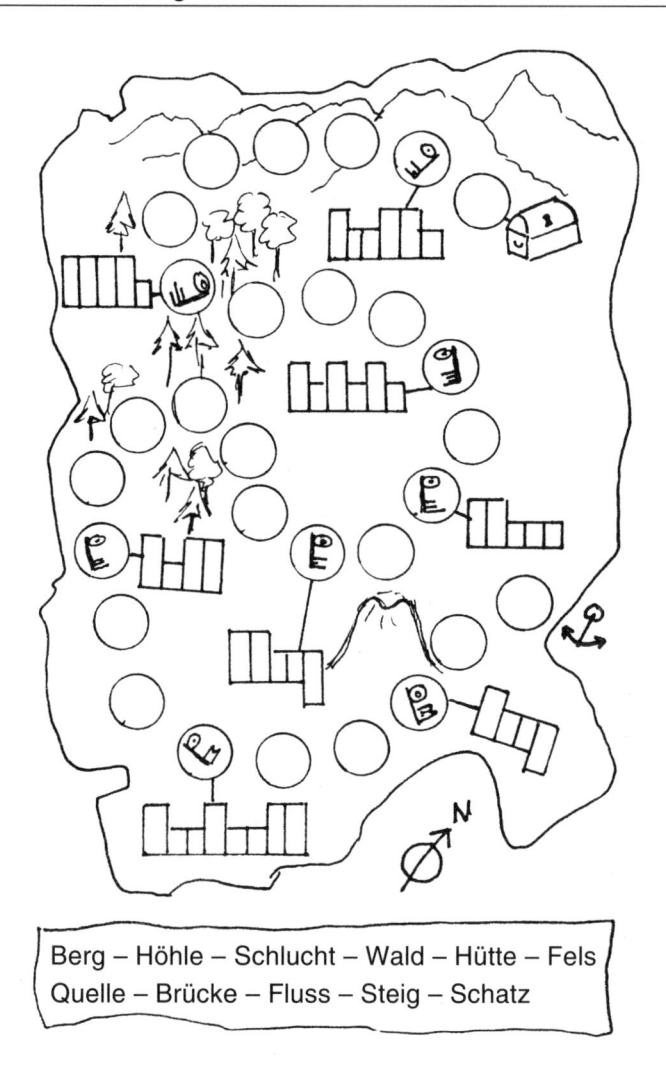

Berg – Höhle – Schlucht – Wald – Hütte – Fels
Quelle – Brücke – Fluss – Steig – Schatz

Varianten (Differenzierung, offener Unterricht, Weiterführung):
- Der Lehrer gibt Wörter nicht vor. Dies erfordert einen höheren Abstraktionsgrad.
- Statt Gegenständen lauern unterwegs Tiere auf die Schatzsucher. Die Kinder denken sich eigene Wörter aus.
- Aus dem Spielplan werden die Geheimschriftzeichen entfernt. Die Schüler legen sich vor Spielbeginn auf ein bestimmtes Wortfeld (Wortfamilie, Thema) fest. Jeder überlegt sich dann ein/mehrere Geheimwörter, zeichnet sie auf und legt sie neben die entsprechenden Schlüsselstellen.

Wörter versenken

- **Schulstufe:** 2.–3. Schuljahr
- **Teilnehmer:** 2 Spieler
- **Ziel:** Ganzheitliche Worterfassung trainieren, Sicherung von Grundwortschatzwörtern
- **Benötigte Materialien:**
  - vier Spielpläne
  - Stifte
  - eine Abtrennung
  - Grundwortschatzwörter

	1	2	3	4	5	6	7	8	9
A									
B			B	A	U	M			
C		A							
D		S							
E		T		B	L	A	T	T	
F									
G	W	U	R	Z	E	L			
H									
I									

- **Vorbereitende Aufgaben:**
  - Grundwortschatzwörter, die geübt werden sollen, auswählen
    (Es dürfen keine Wörter mit mehr als 9 Buchstaben sein.)
  - Spielplan mehrmals kopieren
  - Angabe von Koordinaten üben

Bereich: Rechtschreibung 59

Spielanleitung

1. Jeder Spieler hat zwei leere Pläne vor sich liegen. Zwischen den Spielern ist ein Sichtschutz.
2. Jeder Spieler trägt in einen seiner Pläne 5 Grundwortschatzwörter waagerecht oder senkrecht ein.
3. Die beiden Spieler sind abwechselnd an der Reihe.
4. Wenn ein Spieler an der Reihe ist, nennt er eine Koordinate, die aus einem Buchstaben und aus einer Zahl bestehen muss, beispielsweise C5.
5. Der Mitspieler gibt nun an, ob es ein Treffer war. Er nennt den Buchstaben, der getroffen worden ist.
6. Der Spieler trägt den Buchstaben in seinen zweiten Plan ein.
7. So geht es abwechselnd weiter.
8. Wenn ein Spieler das ganze getroffene Wort errät, nennt er es.
9. Gewonnen hat der Spieler, der zuerst alle gegnerischen Grundwortschatzwörter (5) in seinem zweiten Plan eingetragen hat. Die Pläne werden dann verglichen.

Varianten (Differenzierung, offener Unterricht, Weiterführung):
- Es können am Anfang des 2. Schuljahres auch weniger Grundwortschatzwörter ausgewählt werden, die beispielsweise nur waagerecht eingetragen werden.
- Sind die Kinder in dem Spiel geübter, können die Grundwortschatzwörter auch waagerecht und senkrecht verzahnt werden wie beim Scrabble.

Klangspiel

- **Schulstufe:** 2.–4. Schuljahr
- **Teilnehmer:** Gruppenarbeit
- **Ziel:** Beim Spiel mit Orff-Instrumenten Silben in Wörtern entdecken und mithilfe von Rhythmuszeichen kennzeichnen. In einem weiteren Schritt werden die Spieler auf lautmalende Wörter in Gedichten aufmerksam und entdecken dadurch den Klang von Sprache (Bereich: Gestaltung mit Sprache).
- **Benötigte Materialien:**
  - Gedichtvorlage auf einem A4-Blatt
  - Orff-Instrumente wie Klanghölzer, Becken, Handtrommel, Triangel, Xylophon etc.
  - Kassettenrekorder, Mikrophon
  - Grundwortschatzwörter
- **Vorbereitende Aufgaben:**
  - Zeichen für Instrumente (er)finden (z. B. in einem Musikbuch)
  - Zeichen für Spielweise (Punktklänge, Schwebeklänge – siehe Lehrplan Musik) finden bzw. vereinbaren
  - Verschiedene Orff-Instrumente als Auswahl bereitlegen

▷ ▷
Re gen fällt vom Him mel
• • • • • •
grün wird je des Gras,
• • • • •
Re gen fällt vom Him mel
• • • • • •
macht den Kin dern Spaß.
• • • • •

Son ne möch te schim mern,

s' wird was Schö nes draus:
▷ ◁ ▷ ◁
Re gen bo gen flim mern

ü ber un serm Haus.

▭ ▭
Re gen ist ein Be sen

fegt die Luft ganz rein,

springt auf uns re Na sen

und wäscht je den Stein.

Beispiele für Instrumente/Zeichen:

▷ ⚷   Regen

▭   🧹   Besen

▷◁   🎵   Regenbogen

•••••   ▱ X   rhythmische Begleitung

Sarah Kirsch

---

aus: Gefunden. Gedichte für die Grundschule. Frankfurt/M. 1997

Bereich: Rechtschreibung

Spielanleitung

1. Das Gedicht auf einem DIN-A4-Blatt mit genügend Zeilenabstand aufschreiben.
2. Schüler einigen sich in der Gruppe, welche Strophe und welche Wörter sie mit Instrumenten hervorheben wollen. Die ausgewählten Wörter werden unterstrichen.
3. Schüler einigen sich auf eine Auswahl von Instrumenten und erproben diese zusammen mit dem Text zu den ausgewählten Wörtern, bevor sie diese endgültig aufschreiben.
4. Die Gruppen stellen ihre Ergebnisse vor und begründen die Auswahl der Lautuntermalungen.
5. Beim Spiel vor der Klasse werden die Beispiele, die sich zur Silbentrennung eignen, hervorgehoben. Akustische und graphische Markierung werden miteinander verglichen.

Varianten (Differenzierung, offener Unterricht, Weiterführung):
- Aus den Varianten werden zeilenweise die klanglich passendsten Untermalungen ausgewählt und in einer klasseneigenen Fassung für alle festgehalten.
- Sie können diese Art der Lautuntermalung bei allen Gedichten, die mit Jahreszeiten/Wetter handeln, einsetzen. Ebenso eignen sich Magische Sprüche. Versuchen Sie einmal den „Zauberlehrling" von Goethe!

Eichhörnchen-Reimspiel

- **Schulstufe:** Mitte 1.–4. Schuljahr
- **Teilnehmer:** 3 bis 6 Spieler
- **Ziel:** Reimwörter zu vorgegebenen Bildern finden; zu Reimwörtern Schreibweise benennen und/oder kleine Verse dazu erfinden.
- **Benötigte Materialien:**
    - Aus Korken von Sektflaschen und braunem Tonpapier Eichhörnchen basteln.
    - Den Spielplan (s. Anhang S. 108) so weit vergrößern, dass man mit den Korken spielen kann.
    - Die Karten vergrößern und auf stärkeres Papier kopieren.

- **Vorbereitende Aufgaben:** Prinzip des Reimens sollte mit den Kindern vorher geübt werden

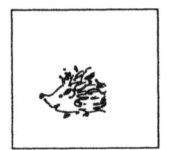

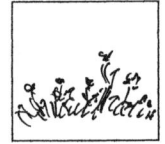

Bereich: Rechtschreibung 63

Spielanleitung

1. Es wird reihum gewürfelt und vorgerückt entsprechend der Augenzahl.
2. Wer auf ein Blatt kommt, zieht eine Karte und nennt ein Reimwort zum Bild.
3. Wer keinen Reim findet, sagt: „Ich passe!" und muss 3 Felder zurück.
4. Damit ist das Bild freigegeben für die übrigen Spieler. Wer zuerst ein Reimwort nennt, darf bis zum nächsten Pilz vorrücken.

Varianten (Differenzierung, offener Unterricht, Weiterführung):

- Die Bildwörter der Karten werden vorher auf ein Blatt Papier geschrieben, das verdeckt neben dem Spiel liegt. Bei Nennen eines Reimwortes muss der Spieler gleichzeitig auch sagen, ob der Reimteil gleich oder anders geschrieben wird (Igel – Spiegel – nicht gleich, weil mit langem ie, Haus – Maus – gleich). Die anderen Spieler sehen auf dem Blatt nach, ob die Antwort bzgl. der *Schreibweise* richtig oder falsch war.
- Wenn ein Spieler auf ein Blatt kommt, muss er einen kleinen Vers zu beiden Reimwörtern bilden. Dabei dürfen auch Unsinnverse gebildet werden. (Da kommt ein kleiner Igel, der sieht gern in den Spiegel.)
- Jeder Schüler denkt sich selbst 3 bis 5 Wörter aus, die jeweils auf eine leere Karte geschrieben (oder gemalt) werden. Der entstehende Kartenstapel wird gemischt und verdeckt hingelegt. Jeder, der auf ein Blatt kommt, muss nun ein Reimwort (einen Vers) bilden und evtl. die Antwort nach der Schreibweise beantworten.

Wörterzauber

- **Schulstufe:** Ende 1.–2. Schuljahr
- **Teilnehmer:** 3 bis 5 Spieler oder mehrere Tischgruppen
- **Ziel:** Spielerische Einübung in das Alphabet mithilfe von Verschlüsseln und Entschlüsseln von Buchstaben. Die Nummerierung der Buchstaben sollte dem Alphabet nach erfolgen, d. h. hohe Nummern entsprechen den hinteren Buchstaben.
- **Benötigte Materialien:**
  - Karten
  - Büroklammern
  - Papier und Bleistift

- **Vorbereitende Aufgaben:**
  - Kopie des Bildes auf ein A4-Blatt
  - Schüler erhalten das Bild ohne Kommentar und finden durch Vermuten und Probieren selbst das System der Verschlüsselung.
  - Karten mit Zahlen von 1 bis 26 herstellen, Zahlenkarten für Vokale und die Konsonanten *l, m, n, r, s* jeweils 2-fach. Leere Karten als zusätzliche Karten in Reserve halten (Zahlenkarten aus dem Mathematikunterricht).
  - Eine Dose schwarz bekleben und mit einem schwarzen Papprand als „Zauberhut" ausstatten.

Bereich: Rechtschreibung

Spielanleitung

1. Ein Spieler wird als Zauberer ausgelost/ausgewürfelt. Die Kopie steht als Merkhilfe auf dem Tisch.
2. Jeder Spieler denkt sich ein Wort aus und schreibt dies auf einen Zettel.
3. Er verschlüsselt mithilfe seiner Zahlenkarten das Wort, kennzeichnet den Anfangsbuchstaben mit einer Büroklammer und gibt dem Zauberer seine Karten. Dieser versteckt die Stapel unter dem Tisch.
4. Der Zauberer schüttelt nun Stapel für Stapel die Karten im Zauberhut und schüttet sie auf den Tisch.
5. Jeder Spieler zeigt seinen Zettel den Mitspielern und liest laut das Wort vor.
6. Jeder nimmt sich einen Kartenstapel und versucht, durch Verschieben den Wortsinn zu entdecken. Wer als erster ein Wort richtig entschlüsselt hat, ist der Zauberer der nächsten Runde.

Varianten (Differenzierung, offener Unterricht, Weiterführung):

- Jeder Schüler schreibt zu einem Themenbereich mehrere Wörter auf ein gemeinsames Blatt Papier. Da keiner die Wahl des anderen kennt, können Wörter evtl. auch mehrfach vorkommen.
- Schüler wählen nur den Themenbereich. Sie geben das ausgewählte Wort den anderen nicht bekannt.
- Das Spiel eignet sich auch für Übungen zum Wortfeld oder Übungen zu den Wortarten.
- Man kann dieses Spiel auch als Wettspiel zwischen mehreren Spieler*paaren* oder Spieler*gruppen* spielen, um Teamgeist und Gruppenzugehörigkeit zu fördern. Dazu braucht man entsprechend weniger Karten.

Tic-Tac-Toe

- **Schulstufe:** 2.–4. Schuljahr
- **Teilnehmer:** 2 Spieler
- **Ziel:** Auslaute durch Verlängerung von Wörtern bestimmen.
- **Benötigte Materialien:**
  - 16 Karten
  - ein Blatt mit 16 Feldern in der Größe der Karten
- **Vorbereitende Aufgaben:**
  - Wörtersammlung zu zwei ähnlich klingenden Auslauten erstellen (-d/-t, -g/-k)
  - Die Wörter im Singular auf Karten schreiben, dabei den Auslaut als Leerstelle kennzeichnen.
  - Auf die Rückseite die Auslaute in unterschiedlichen Farben aufschreiben (z. B. -d rot, -t gelb) und/oder mit Symbolen kennzeichnen, nachdem die Schreibweise im Wörterbuch zuvor überprüft wurde.
  - Als Spielbrett dient ein Blatt 16 mit Feldern in der Größe der Karten.

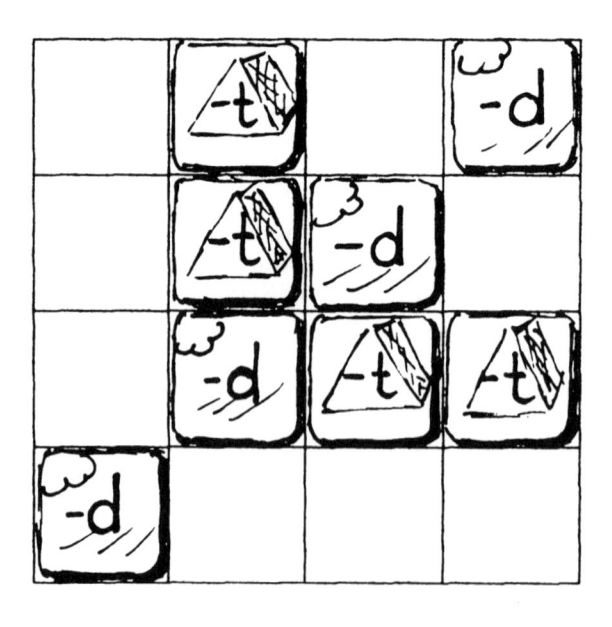

Bereich: Rechtschreibung

Spielanleitung

1. Die Karten werden mit den Wörtern nach oben auf einen Stapel gelegt und gemischt.
2. Die Spieler einigen sich, welche Farbe bzw. welches Symbol ihr Gewinnzeichen sein soll.
3. Die Spieler nehmen abwechselnd eine Karte vom Stapel und nennen den Endlaut, nachdem sie vorher das Wort – ohne es laut zu sagen – verlängert haben.
4. Bei richtiger Auslaut-Benennung legt der Spieler die Karte auf ein beliebiges Feld. Bei falscher Benennung darf der Gegenspieler die Karte auf ein Feld seiner Wahl legen.
   Dabei wird er – ähnlich wie beim Mühle-Spiel – versuchen, den Gegner mit seiner Karte zu blockieren bzw. sie für sich selbst nutzen.
5. Gewonnen hat, wer als erster 4 Felder waagerecht, senkrecht oder diagonal in seiner Gewinnfarbe (mit seinem Gewinnsymbol) belegt hat.

Varianten (Differenzierung, offener Unterricht, Weiterführung):

- Dieses Spiel lässt sich nicht nur mit anderen Auslauten, sondern auch mit anderen Rechtschreibproblemen wie Groß-/Kleinschreibung, Dehnung/Schärfung, Endungen von Adjektiven -ig/-ich herstellen.
- Die Schüler stellen in differenzierten Gruppen die Materialien für unterschiedliche Rechtschreibprobleme her, dann können sie die Materialien im Förderunterricht, in der Freiarbeit oder als gezielte Vorbereitung von Leistungsüberprüfungen nutzen.

Post für den Tiger

- **Schulstufe:** Mitte 1.–2. Schuljahr
- **Teilnehmer:** 2 oder 4 Spieler
- **Ziel:** Mithilfe des kontrastierenden Verfahrens Fehler entdecken und durch Nachschlagen im Wörterbuch berichtigen.
- **Benötigte Materialien:**
  - Kopie des Briefes
  - Zettel mit verschiedenen Schreibweisen erstellen und klein schneiden
- **Vorbereitende Aufgaben:** Die Kinder sollten die Figuren der „Tiger-Bücher" von Janosch kennen.

---

aus: Janosch, Post für den Tiger, Gulliver Taschenbuch, 1980 Beltz Verlag, Weinheim und Basel, Programm Beltz & Gelberg, Weinheim

Bereich: Rechtschreibung

Spielanleitung

1. Die Schüler erhalten Kopien des Briefes und die Zettel dazu in einem Umschlag.
2. Durch Lesen der verschiedenen Zettel entdecken sie, dass einige Wörter in mehrfacher Schreibweise aufgeschrieben wurden.
3. Sie ordnen die Zettel den Wörtern im Brief zu und versuchen, die richtige Schreibweise durch Gespräch untereinander zu lösen.
4. Jeder Schüler sucht 1 bis 2 Wörter im Wörterbuch und zeigt den Mitspielern, welche Schreibweise richtig ist.

Varianten (Differenzierung, offener Unterricht, Weiterführung):

- Die Schüler schreiben der Braut Maja Papaja einen Brief zurück. Bei Wörtern, deren Schreibweise sie nicht genau kennen, nutzen sie das gleichen Verfahren, wie bei der Vorlage. Andere Tischgruppen entschlüsseln den Brief und wählen die richtige Schreibweise aus.
- Diese Verfahrensweise eignet sich gut auch für Kinderbücher, deren Hauptfiguren gerne Unsinn machen. Kinder können dann falsche Schreibweisen erproben, die ihnen besonders leicht fallen.
  Zu diesen Büchern zählen Pippi Langstrumpf, Kasperle-Bücher, Olchi-Bücher.
- Eine Variante, die bereits in das 3. Schuljahr hineingeht, wäre, die Fehlerart den Figuren anzupassen:
  - Pippi macht lustige Fehler
  - Kasperle dumme Fehler
  - Olchis haben Buchstabenteile aufgefressen

  Wie Kinder ihre Fehler einstufen (sind sie lustig oder dumm?) entscheiden sie selbst. Sie als Lehrer können daran erkennen, wie weit sie in der Rechtschreibung fortgeschritten sind.

Räubern

- **Schulstufe:** 2./3. Schuljahr
- **Teilnehmer:** 3 bis 4 Spieler
- **Ziel:** Strategie der Wortverlängerung trainieren, um Wörter mit Auslauten auf -d/-t und -g/-k sicherer richtig zu schreiben.
- **Benötigte Materialien:**
  - Bildkarten
  - Wortkarten

Bereich: Rechtschreibung

■ **Vorbereitende Aufgaben:**
  – Strategie der Wortverlängerung muss bereits vorher den Kindern bekannt sein
  – Motive auf stärkeres Papier kopieren
  – 24 Karten mit den Buchstaben -d oder -t herstellen

Spielanleitung
1. Die Buchstabenkarten werden gemischt und an die Spieler verteilt.
2. Die Bildkarten werden gemischt und in einem Stapel verdeckt in die Mitte gelegt.
3. Ein Spieler deckt eine Bildkarte auf. Die übrigen Spieler decken eine Buchstabenkarte auf. Wer eine Buchstabenkarte mit dem gleichen Endlaut gezogen hat, ruft schnell „Goldschatz". Er muss den Plural nennen und damit beweisen, dass der Endlaut des Gegenstandes auf dem Bild mit dem Buchstaben seiner Karte identisch ist. Stimmt diese nicht, muss er seine Buchstabenkarte abgeben.
4. Gewonnen hat, wer die meisten Karten für sich „räubern" konnte.

Varianten (Differenzierung, offener Unterricht, Weiterführung):
- Statt mit Bildern, können die Karten auch mit Wörtern ausgeführt sein. Dann darf der Endlaut natürlich nicht auf der Karte stehen.
- Die Schüler suchen selbst Wörter zu anderen Endungen (-g/-k oder -b/-p) und stellen die Karten selbst her.
- Dieses Spiel geht auch mit weichen/harten (stimmhaften/stimmlosen) Konsonanten zu spielen.

Zwillinge gesucht

- **Schulstufe:** Mitte 2.–4. Schuljahr
- **Teilnehmer:** 3 bis 4 Spieler
- **Ziel:** Rechtschreibstrategie der Konsonantenverdopplung mithilfe kontrastierender Wörter üben und sichern.
- **Benötigte Materialien:**
  - Karten vergrößern und auf stärkeres Papier kopieren (je Spielgruppe 1 Satz)
  - eine Kopie der Karten mit Lösungen vervollständigen und ebenso kopieren (je Gruppe 1 Satz)
  - 1 Würfel, an 4 Seiten mit den Buchstaben der Karten f/ff, m/mm usw. und an 2 Seiten mit einem Stern bekleben
  - Spielmarken (Wendeplättchen, Pfennigstücke …)

ho__en lau__en	Ko__er kau__en	Rei__en scha__en
tau__en Gri__el	**f / ff**	Ha__en Schi__e
Ka__ee schla__en	Schlei__e Panto__el	Sto__e Strei__en

schne__ feh__en	ho__en he__	tei__en Te__er
hei__en Ha__e	**l / ll**	fa__en fau__en
Ste__e steh__en	so__en Soh__e	Stüh__e ro__en

ko__en rei__en	kei__en Ka__	kä__en Räu__e
träu__en Hi__el	**m / mm**	Bäu__e Dä__e
Kla__er Rah__en	Ka__er Da__en	Sa__en sa__eln

wi__en wei__e	ko__en kü__en	Ra__el ra__en
Rie__e Ri__e	**s / ss**	Kla__e Krei__e
Nä__e Grä__er	Bu__e Ro__en	Ka__e Ha__e

Bereich: Rechtschreibung 73

Vorbereitende Aufgaben:
- lange und kurze Vokale müssen den Kindern bekannt sein

Spielanleitung

1. Jeder Spieler nimmt sich eine Wortkarte und eine Kontrollkarte mit einem anderen Buchstaben, so dass bei keinem Spieler Karte und Kontrollkarte identisch sind.
2. Es wird reihum gewürfelt:
   a) Wenn ein Buchstabe gewürfelt wird, darf der Spieler mit der entsprechenden Karte ein Feld aussuchen und die Schreibweise der beiden Wörter nennen.
   b) Die anderen Spieler überprüfen auf der Kontrollkarte die Lösung.
   c) Bei richtiger Lösung legt der Spieler eine Spielmarke auf das Feld.
   d) Bei falscher Lösung würfelt der nächste.
3. Wenn der Stern gewürfelt wird, dürfen alle Spieler sich ein Feld aussuchen.
4. Gewinner ist, wer als erster alle Felder seiner Karte belegt hat.

Varianten (Differenzierung, offener Unterricht, Weiterführung):
- Schüler erweitern die Karten selbst mit Wörtern zu den Buchstaben „b/bb, g/gg, k/ck, n/nn, p/pp, r/rr, t/tt".
- Als Übung zum Wörterbuch erstellen die Schüler selbst die Lösungskarten, bevor sie das Spiel spielen.
- Im Anschluss an das Spiel werden die Wörter mit den richtigen Lösungen ins Heft geschrieben und eine Regel dazu von allen gemeinsam entwickelt.
- Die Karten werden laminiert und können in der Freiarbeit mit Folienstift bearbeitet werden.

Meisterdetektive

- **Schulstufe:** 3.–4. Schuljahr
- **Teilnehmer:** bis zu 4 Plätzen
- **Ziel:** Mithilfe von markierten Lupenstellen auf leicht verwechselbare Buchstaben aufmerksam werden und diese berichtigen. Wortstrukturen mithilfe von Wortfamilien durchgliedern.

Die hier vorgestellte Software ist im Cornelsen Verlag erschienen unter dem Titel „Meisterdetektive jagen Lork".

Spielanleitung

1. Das Besondere an diesem Lese- und Rechtschreibkrimi ist, dass *an mehreren Plätzen gleichzeitig* gespielt wird. Als Detektive verfolgen die Kinder Spuren von Außerirdischen, die als Buchstabenfresser alle Schrift in der Umwelt entfernen wollen. Es wird nicht nur an einzelnen Wörtern gearbeitet, sondern an zusammenhängenden Texten.
2. Das Material kann jedoch *auch mit nur einem Platz* in der Freiarbeit genutzt werden.

Die Software wurde 1996 mit dem Deutschen Bildungssoftware-Preis „digita 96" ausgezeichnet.
Voraussetzungen für den Netzwerkbetrieb: Windows 3.11 oder Windows 95. Außerdem: 20 MB freier Festplattenspeicher, 16-bit-Soundkarte, Maus
Ab dem 2. Schuljahr ist die Software „Fürst Marigor und die Tobis" einzusetzen. Hier lösen die Figuren Ela und Alo aus der Tobi-Fibel 60 Rätsel und verschiedene Aufgaben auch aus dem Bereich des Sachunterrichts.

5.4 Spiele zum Dichten und zur Gestaltung mit Sprache

Bereits vor Beendigung des mündlichen Spracherwerbs erfreuen uns Kinder mit „versehentlichen" Sprachschöpfungen, mit denen sie ihre Umwelt deuten („Mama best die Küche": Das Wort „best" steht statt „fegen" in Anlehnung an das Werkzeug, den Besen). Kreative Sprachschöpfungen können aber auch dazu beitragen, unsere Umwelt zu deuten, wenn uns der eigene Sprachschatz dafür zu eng wird. Dies gilt vor allem für den Ausdruck unserer eigenen Gefühle, aber auch bei der Beschreibung von Kunstwerken fehlt uns oft die notwendige Ausdruckskraft. Dichter wie LEWIS CAROLL (Alice im Wunderland) und CHRISTIAN MORGENSTERN (Gruselett) zeigen, welche Vorstellungskraft unbekannte Wörter in uns wecken können.

Auch Abzählverse und magische Reime in Märchen gehören zum vorschulischen Sprachschatz der Kinder und regen dazu an, sie auswendig zu lernen und bei verschiedenen Gelegenheiten anzuwenden. Dabei werden sie auch immer wieder verändert, mit Wörtern belegt, die dem eigenen Sprachschatz vertrauter sind oder die aufgrund ihrer lautlichen Ähnlichkeit eine witzige Wendung hineinbringen. Das besondere Merkmal diese Art von Dichtung ist die Intonation, die mit zu den elementaren Gestaltungsmitteln unserer Sprache zählt. Mit ihr passen wir uns einer Situation an oder gestalten sie. Tonfall und Lautstärke sind gleichzeitig auch Ausdruck unserer Gefühle.

Der Bereich der visuellen Poesie gehört mit zu den neueren Entwicklungen unserer Schriftsprache. Sie hat vor allem Eingang in die Werbung gefunden, die hier äußerst kreativ mit Assoziationen und weit verbreiteten Bildern umgeht. Wir selbst nutzen solche visuellen Merkmale auch in unserem Alltag, zum Beispiel durch Markieren von Wörtern, Unterstreichen, Groß- und Fettschreibung bestimmter Textteile oder Verwendung von Farbe. Mögliche Verfahren wenden wir jedoch eher intuitiv als bewusst an.

Ziele zu den Spielen zum Dichten und zur Gestaltung von Sprache

Im Bereich der schriftlichen Sprachgestaltung werden Sie Spiele finden, bei denen als Material Auszüge aus Büchern, Texten und kleinen Gedichten dienen. Ihre spielhaften Züge liegen in der Veränderung einzelner Elemente dieser Texte. Das Prinzip des Zufalls spielt nur in der ersten Phase des Erprobens eine Rolle. Ziel ist bei allen Spielen jedoch, diese Veränderung auch an den Kriterien des jeweiligen Textes zu messen. Eine bewusste Textwahrnehmung und Auseinandersetzung ist dabei unverzichtbare Grundlage der Gestaltung.

Neue Wortschöpfungen können Schülern helfen, sich der vielfältigen Bedeutung einzelner Wörter bewusst zu werden. Unbewusst kennen sie diese bereits aus der Werbesprache. Die Bewusstmachung solcher sprachimmanenter Möglichkeiten – die Möglichkeit der eigenen Ausdrucksfähigkeit einerseits und die Manipulierbarkeit andererseits – gehört zu dem bewussten Umgang mit Medien, der in der Grundschule auf spielerische Art und Weise angebahnt werden kann.

Reime und Abzählverse gehören in den Bereich der akustischen Sprachgestaltung. Ihre sprachliche Gestaltung kann Schüler dazu anregen, Wirkungen unterschiedlicher Stimm-Modulation zu entdecken und ihnen zu einem bewussteren Einsatz ihrer Stimme zu verhelfen. Da Schüler in der Grundschule das selbstständige Reimen unter Beachtung der Metrik jedoch noch schwer fällt, bieten sich für die Eingangsstufe vor allem Verse an, die durch Austausch einzelner Wörter mit neuem Sinn gefüllt werden können. Stimme und Instrumenteneinsatz bilden hierbei eine wichtige Einheit.

Die visuelle Poesie bietet sich vor allem auch deshalb in der Grundschule an, weil hierbei einzelne Wörter im Vordergrund stehen. Dies ist ein überschaubares Material, mit dem die Schüler handeln können. Steht bei den Reimen und Versen die Schulung des Gehörs im Vordergrund, so ist bei der visuellen Poesie das Auge besonders gefragt. Kriterien für die Auseinandersetzung sind die Bedeutung der einzelnen Wörter und die Vorstellungswelt, die sich für den Einzelnen dahinter eröffnet. Wie bei den Reimen zeigt sich eine wirkungsvolle Umsetzung aber erst in der kommunikativen Auseinandersetzung mit anderen und der Wirkung, die diese neuen Schöpfungen auf andere haben.

In unserer multikulturellen Gesellschaft finden sich zunehmend Wörter wieder, die aus anderen Sprachen Eingang bei uns gefunden haben. Manche Wörter sind inzwischen „eingedeutscht". Wir verwenden sie, ohne uns dessen bewusst zu sein. Ein Kontakt mit einer fremden Sprache kann in Form einer spielerischen Auseinandersetzung für Kinder in der Grundschule eine Bereicherung darstellen und lässt sie das Fremde darin nicht als Abgrenzung zur anderen Sprache erfahren.

Die wichtigsten Aspekte der Gestaltung mit Sprache sind in den folgenden Spielen enthalten. Die Kinder können
- mithilfe von Bildern und Texten eigene Wort- und Sprachschöpfungen erproben
  (Maler und Dichter)
- mithilfe von Versen und Sprüchen die Modulation der Stimme und die Intonation von Sätzen erfahren
  (Zwicke-Verse, Hexensprüche, Dichten mit dem Sams)
- mithilfe vielfältiger Darstellungen die Wirkungen von Schriftsprache erkennen
  (Ideogramme, Redensarten-Piktogramme)
- mithilfe von Schrifterfindungen für fremde Sprachen sensibilisiert werden
  (Lilliputanersprache)

Bereich: Sprachgestaltung

Lilliputanersprache

- **Schulstufe:** 3./4. Schuljahr
- **Teilnehmer:** Gruppenarbeit
- **Ziel:** Aus einem Satz die für das Verständnis wesentlichen Wörter herausarbeiten. Dadurch grammatische Regeln entdecken und gleichzeitig die Sinnentnahme trainieren.
- **Benötigte Materialien:** Gulliver-Text; eine Kopie (vergrößert auf A4) für jede Gruppe

---

Gulliver liegt gefangen am Boden. Er hat großen Hunger. Sein Magen knurrt. Ein kleiner Lilliputaner gibt den anderen einen Befehl:

„*flatterlis* 👋 👋 👋 *holi flottum undo fasslis* 👋 *mito weinlis bringi / schweinlis* 👋 👍👍 *undo* 👍 *ochsli füro menschli großum brati /* 👋 👋 *brotlis undo brezelis backi / fixum machi*

Was bekommt Gulliver wohl zu essen?
Welche Sprachregeln kannst du entdecken?

- **Vorbereitende Aufgaben:** Textarbeit bzw. Vorlesen der Gulliver-Geschichte bis zu seiner Ankunft in Lilliput (z. B. die Nacherzählung von Dirk Walbrecker. Bibliothek der Kinderklassiker. Annette Betz Verlag 1991. S. 14.)

Spielanleitung

1. In Gruppen versuchen, den Text zu entschlüsseln, z. B.: Text laut sprechen, vermutete Wörter darüber schreiben. Wortarten unterstreichen. Satzstellung der Wörter verändern. Endungen unterstreichen ...
2. Passend zu den erkannten Sprachregeln einen weiteren Satz sich ausdenken und verschlüsselt aufschreiben.
3. Gruppenweiser Austausch der Texte mit anschließender Rückmeldung durch die textproduzierende Gruppe.

Varianten (Differenzierung, offener Unterricht, Weiterführung):
- Verschlüsselung nur einzelner Gerichte
- Aufstellung eines ganzen Speiseplans für Gulliver
- Lilliput-Alphabet mit Speisen/Berufen/Alltagsgegenständen erstellen
- Zu Illustrationen aus einem Gulliver-Buch neue sprachliche Szenen entwickeln

Spiele zum Dichten und zur Gestaltung mit Sprache

Maler und Dichter

- **Schulstufe:** Mitte 2.–4. Schuljahr
- **Teilnehmer:** 2 bis 4 Spieler
- **Ziel:** Aufgrund intensiver Bildbetrachtung werden Substantive und Adjektive zu neuen Komposita zusammengefügt und geben der Zeichensprache „Bild" eine sprachliche Dimension.

Der kreative Umgang mit dem Sprachmaterial kann zu neuen ungewohnten Sprachschöpfungen führen, die dem kreativen Bedürfnis der Kinder neuen Raum geben und die Bildinterpretation damit bereichern.

- **Benötigtes Material:**
    - DIN-A4-Kopie von Bildern
    - weißes Blatt
    - Stift
    - Schere
    - Klebstoff

AUGUST MACKE: Zoologischer Garten 1, 1912

- **Vorbereitende Aufgabe:** Kopie des Bildes vergrößern auf A3

Bereich: Sprachgestaltung

> **Spielanleitung**
>
> 1. Spieler schreiben auf ein Blatt Papier reihum einzelne Wörter auf, die ihnen zu dem Bild einfallen. Dies können sowohl Substantive, als auch Adjektive sein. Es müssen aber einzelne Begriffe sein, keine Satzteile oder ganze Sätze.
> 2. Die Wörter werden in Form kleiner Wolken wie im Beispiel oben ausgeschnitten und zu neuen Begriffen zusammengefügt.
> 3. Die Spieler sollten mehrere Möglichkeiten ausprobieren und gemeinsam überlegen, welche Komposita den Bildausschnitten am ehesten gerecht werden bzw. welche sie am besten charakterisieren. Das fertige Ergebnis wird mit anderen Ergebnissen verglichen und erklärt.

Varianten (Differenzierung, offener Unterricht, Weiterführung):
- Die neuen Komposita werden entsprechend der Rechtschreibung (Substantiv oder Adjektiv) berichtigt und anschließend in eine Bildbeschreibung eingefügt.
- Die Mitspieler müssen raten, welchem Bildausschnitt ein neu gebildetes Kompositum zugedacht ist.
- Es eignen sich besonders gut 2 Bilder mit ganz unterschiedlichen Aussagen, besonders auch Farbdrucke. In diesem Fall werden die Wolken nur mit Stecknadeln oder Magneten an dem Bild befestigt.

Besonders gut geeignet für dieses Verfahren sind auch die Gemälde der Surrealisten (René Magritte, Max Ernst und Salvatore Dali).

Elfchen

- **Schulstufe:** 3.–4. Schuljahr
- **Teilnehmer:** 2 bis 6 Spieler
- **Ziel:** Eine Wörtersammlung nutzen, um sie mithilfe einer vorgegebenen Struktur zu einem Gedicht zu formen.
- **Benötigte Materialien:**
    - Kopie der Abbildung auf einer Folie
    - Folienstifte – farblich nach Wortarten ausgesucht
    - Karteikarten, Stifte in der Farbe der Wortarten

> Fließend
> der Horizont
> im flimmernden Licht
> ich stehe wie betäubt
> Gluthitze

> Stille
> die Nacht
> ein tiefschwarzer Mantel
> ich höre keinen Laut
> schlafe!

- **Vorbereitende Aufgaben:**
    - Elfchen-Gedichte a) von ihrer Strukturierung und b) den Wortarten her analysieren
    - Gemeinsamkeiten – mögliche Unterschiede benennen
    - An der Tafel (OHP) das Schema farblich mit Balken darstellen
    - Verschiedene Reizwörter heraussuchen und auf einzelne Karten (Tafel) schreiben

Bereich: Sprachgestaltung 81

Spielanleitung

1. Je 2 Schüler suchen sich aus den angebotenen Reizwörtern ein gemeinsames heraus.
2. Gemeinsam sammeln sie Substantive, Verben und Adjektive, die ihnen spontan zum Reizwort einfallen. Die gemeinsam für besonders schön empfundenen Wörter werden im Wörterbuch nachgesehen und dann auf Karten geschrieben.
3. Jeweils als passend (zusammengehörend) empfundene Wortkarten werden ins Raster gelegt.
4. Durch lautes Lesen entscheiden beide Spieler anhand des Gesamteindrucks, welche Wörter für das Endergebnis ausgewählt werden. Dabei darf jeder nun ein eigenes Raster nutzen, um ein Gedicht mit seinen eigenen gewünschten Wörtern zu bilden.

Varianten (Differenzierung, offener Unterricht, Weiterführung):

- Es wird die Aufgabe gestellt, zusammengesetzte Adjektive zu nutzen. Um eine breite Vielfalt und kreative Wortschöpfungen zu erreichen, werden zum Reizwort die genannten Wörter jeweils auf ein kreisrundes Blatt geschrieben und durch verschiedenes Zusammenfügen auf ihre Klanggestalt hin beurteilt. Die Wortschöpfungen werden in die Elfchen an entsprechender Stelle eingefügt.
- Spieler sollten eigene Gefühle/Gedanken in die 4. Zeile mit einbringen. Dies setzt jedoch voraus, dass die Reizwörter solche auch hervorrufen können. Wörter aus dem Bereich der Natur eignen sich sehr gut, um qualitative Gedichte zu erreichen. Spielzeug (ausgenommen Tiere und Puppen, mit denen Kinder sich identifizieren), Filmgestalten, Comicfiguren o.ä. dagegen sind in ihrer Funktion bzw. ihrer Darstellung so eingeengt, dass sie kaum Kreativität freisetzen. Geeignet sind z. B. folgende Wörter: Mond – Sonne – Sterne – Nacht – Sommer – Frühling – Schnee – Erde – Wind – Sand – Wolken – Schmetterling.
- Spieler können sich aus einer Kiste Materialien nehmen, diese bei geschlossenen Augen betasten und dann zu einem Gedicht formen. Geeignet sind z. B.: Federn, Watte, Glasmurmeln ...

Zwicke-Verse

- **Schulstufe:** 2./3. Schuljahr
- **Teilnehmer:** 2 Akteure, mehrere „Dichter"
- **Ziel:** Auf der Basis des Reimschemas anhand von kleinen szenischen Elementen selbst Reime bilden. Gleiche Wortteile durch gleiche Schreibung kennzeichnen.
- **Benötigte Materialien:** Tafel und bunte Kreide

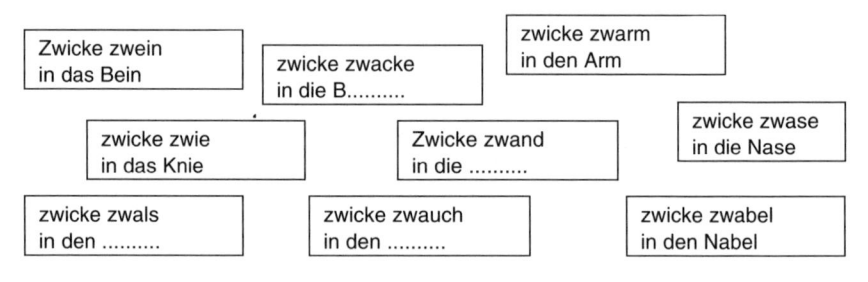

Zwicke zwein
in das Bein

zwicke zwacke
in die B..........

zwicke zwarm
in den Arm

zwicke zwie
in das Knie

Zwicke zwand
in die ....

zwicke zwase
in die Nase

zwicke zwals
in den ....

zwicke zwauch
in den ....

zwicke zwabel
in den Nabel

aus JÜRGEN SPOHN: Der Spielbaum, Bertelsmann Jugendbuchverlag, Gütersloh 1970.

- **Vorbereitende Aufgaben:**
  - Kopie der Verse für die Schüler
  - Kleine szenische Spiele auf Grundlage der Verse von Schülern darstellen

Spielanleitung

1. Schüler entdecken das Reimschema in Gruppen-/Partnerarbeit.
2. Paarweise spielen Schüler zu den einzelnen Versen, die übrigen Schüler raten den Vers.
3. Gemeinsam wird das Prinzip sprachlich erklärt und die Form visualisiert (Tafel).
4. Andere Körperteile als die genannten werden im Spiel dargestellt. Dazu sind die jeweils neuen Reime zu bilden. Überprüfung der richtigen Bildung durch Aufschreiben und Kontrolle anhand der vorher benannten Kriterien.

Varianten (Differenzierung, offener Unterricht, Weiterführung):

- Schüler finden eigene Verse in Einzel-/Partnerarbeit und stellen diese später im Kreis szenisch dar.
- Übertragung der Verse auf Tiere (z. B. Tiere, die stechen, kratzen, beißen: „Zwicke zwücke, piekt die Mücke – Zwicke zwatze, kratzt die Katze").

Bereich: Sprachgestaltung

Dichten mit dem Sams

- **Schulstufe:** 2.–4. Schuljahr
- **Teilnehmer:** eine Gruppe oder die ganze Klasse
- **Ziel:** Freude an Reimen; sowohl dem Reimklang nachspüren wie Inhalte in Gedichten ausdrücken; sich von Literatur zum Dichten anregen lassen.

Mein Name, der ist Robinson. Na und? Was soll's? Das weiß ich schon. Dein Name, der ist Barbara, Der Affe wohnt in Afrika.	Dein Name, der ist Roderich, Doch, liebe Kinder, glaube ich, Daß unsre Art zu dichten hier Nicht sehr weit führt. Denn, sage mir, Was nützt's, wenn jeder, den man fragt, Nichts als nur seinen Namen sagt? Zwar reimt es sich. Doch ist noch nicht Ein jeder Reim auch ein Gedicht.

aus: PAUL MAAR. Eine Woche voller Samstage. Verlag Friedrich Oetinger, Hamburg 1973, S. 90/91

- **Vorbereitende Aufgaben:**
  - Das Buch von Paul Maar kann als Ganzschrift im Unterricht gelesen werden. Das Sams ist den Kindern dann als eine Figur bekannt, die gerne dichtet und sich in Reimen unterhält.
  - Textstelle kann auch allein als Anlass dienen, zum Dichten anzuregen.

Spielanleitung

1. Die Kinder überlegen sich ein Thema, das in einem Gedicht behandelt werden kann. (Zur Anregung kann das ganze Kapitel zur Dichtstunde aus dem Buch vorgelesen werden.)
2. Ein Kind fängt mit einem Zweizeiler an. Zum Beispiel:
   Es war einmal ein Hase, / der fiel auf seine Nase.
3. Das nächste Kind ist nun an der Reihe und schließt mit einem Zweizeiler an, der die Geschichte fortführt. Zum Beispiel:
   Er traf auf der Wiese 'ne Kuh, / die sagte laut: „Lass mich in Ruh'!"
4. Die Kinder dichten der Reihe nach.
5. Das letzte Kind muss einen passenden Schluss finden.

Varianten (Differenzierung, offener Unterricht, Weiterführung):

- Die Kinder können in Gruppen arbeiten. Dabei brauchen sie nicht der Reihe nach zu dichten, sondern können gemeinsam überlegen, was sich am besten anhört. Dann tragen die Gruppen in einer Dichtstunde sich die Gedichte gegenseitig vor.

Hexensprüche

- **Schulstufe:** 2.–4. Schuljahr
- **Teilnehmer:** 2 bis 4 Spieler bzw. 2 bis 4 Paare
- **Ziel:** Mithilfe von Orff-Instrumenten die rhythmische Gliederung von Hexensprüchen erproben und dem Rhythmus entsprechend die Verse mit eigenen, selbst erdachten Wörtern neu gestalten. Einstieg in die Metrik.
- **Benötigte Materialien:**
  - schwarze Dose
  - stärkeres Papier in Wortkarten geschnitten
  - Schere
  - Stift
- **Vorbereitende Aufgaben:**
  - Anhand der Hexensprüche unten sollten die Schüler die Funktion der Akzentzeichen kennen lernen. Sie erproben die Metrik durch rhythmisches Sprechen und Einsatz von Instrumenten.
  - Eine Dose wird als „Hexenkessel" schwarz beklebt und mit erfundenen Zeichen beschriftet.

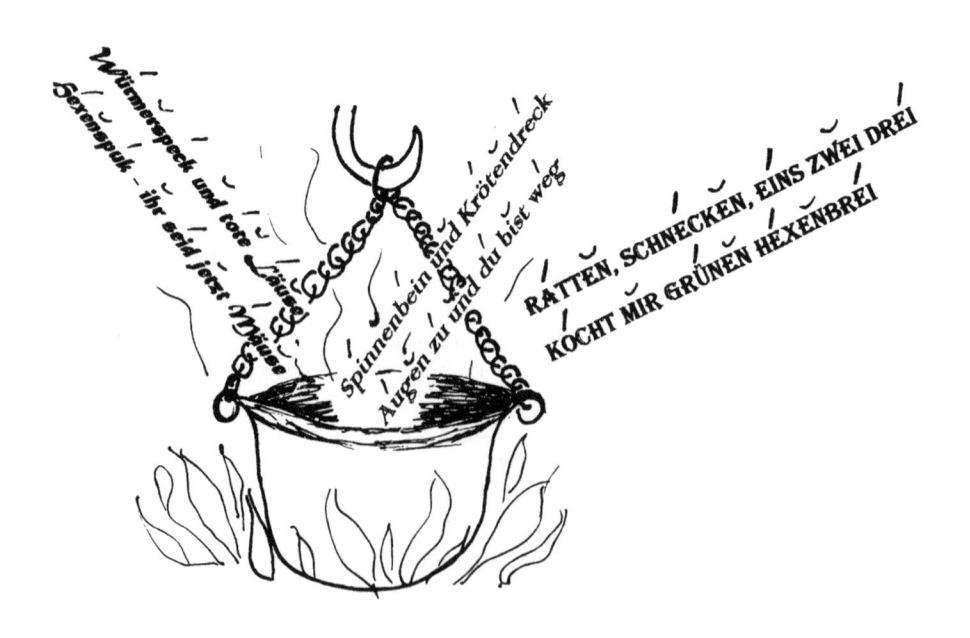

Bereich: Sprachgestaltung

Spielanleitung

1. Eine Wörtersammlung aus dem Bereich „Hexen, Vampire, Geister, Zauberer" erstellen.
2. Die Wörter einzeln auf Karten schreiben und ihre Aussprache mit verschiedenen Orff-Instrumenten begleiten. Dabei den Wechsel von betonten und unbetonten Silben beachten. An die betonten Stellen ein Akzentzeichen setzen.
3. Die Wörter in den Hexenkessel geben, umrühren und auf den Tisch ausschütten.
4. Die offen liegenden Wörter in einen Hexenspruch einbauen. Mithilfe verschiedener Orff-Instrumente die Metrik überprüfen und evtl. die Zeilen durch „Füllwörter" ergänzen.
5. Durch Stimmvariation und Instrumentenspiel die Hexensprüche szenisch gestalten.

Varianten (Differenzierung, offener Unterricht, Weiterführung):
- Als Hilfestellung für die Schüler die Oberbegriffe „Material/Geräte, Tiere, Körperteile, Tätigkeiten, Farben" vorgeben, um die Wörtersammlung zu unterstützen.
- Die Hexensprüche mit Wörtern füllen, die nicht in die Metrik passen. Umstellproben und Ergänzungen mit den Schülern erst erproben, bevor sie an die Eigenproduktion herangehen.
- Die Sprüche werden mit besonderer grafischer Gestaltung aufgeschrieben und einzelne Wörter dabei in Form von Ideogrammen gestaltet.

Ideogramme

- **Schulstufe:** 2.–4. Schuljahr
- **Teilnehmer:** Partner-/Gruppenarbeit
- **Ziel:** Buchstaben und Wörter als experimentelles Mittel erleben und ihre überraschende Wirkung auf sich und andere erfahren.
- **Benötigte Materialien:**
  - Papier und
  - Buntstifte

1. Kaffeebohnen

2. Bogen

3. gestreift

4. verbogen

1. Buchstaben haben die *Form* ihrer Bedeutung

2. Buchstaben sind so *angeordnet*, dass man ihre Bedeutung erkennt

3. Buchstaben haben *Farbe und/oder Muster* ihrer Bedeutung

4. Ein Buchstabe ist *verändert*, so dass man die Wortbedeutung erkennt

- **Vorbereitende Aufgaben:**
  - Beispiele auf Folie kopieren bzw. an die Tafel malen

Bereich: Sprachgestaltung

> **Spielanleitung**
>
> 1. Wörter mit den Kindern gemeinsam ansehen.
> 2. Unterschiedliche Abbildungsmöglichkeiten bei allen Beispielen herausfinden lassen.
> 3. Wortbeispiele (dick -1-, Sturm -2-, bunt -3-, schnell -4-) vorgeben und gemeinsam Darstellungsmöglichkeiten finden.
> 4. Mehrere Wörter vorgeben, zu denen paarweise/gruppenweise Darstellungen gesucht werden.
> 5. Lösungen überprüfen und evtl. in das Schema einordnen bzw. Schema erweitern.

Varianten (Differenzierung, offener Unterricht, Weiterführung):
- Nur ein bis zwei Wörter je Gruppe/Paar vorgeben. Dadurch entwickeln die Schüler evtl. mehrere Darstellungsmöglichkeiten.
- Wörter an die Rückseite (nicht sichtbar) der Tafel schreiben. Kinder suchen zunächst selbst nach Beispielen.
- Mögliche Wortbeispiele: Spiegel, Brücke, Lücke, Kreis, geschnitten, zittern, Schlange.

Weitere Anregungen: REGER, HARALD: Kinderlyrik in der Grundschule. Schneider Verlag Hohengehren, Baltmannsweiler 1994, S. 85 ff.

Spiele zum Dichten und zur Gestaltung mit Sprache

Redensarten-Piktogramme

- **Schulstufe:** 3./4. Schuljahr
- **Teilnehmer:** 2 bis 4 Spieler je Gruppe
- **Ziel:** Redensarten in Bildsprache umsetzen, um zentrale Bedeutungen bzw. Aussagen auch visuell zu verdeutlichen.
- **Benötigte Materialien:** Papier, Pappe, Schere, Kleber und Buntstifte
- **Vorbereitende Aufgaben:** Beispiele vergrößern, als Kopie austeilen, Schüler selbst Prinzipien/Kriterien für die Darstellung herausfinden lassen.

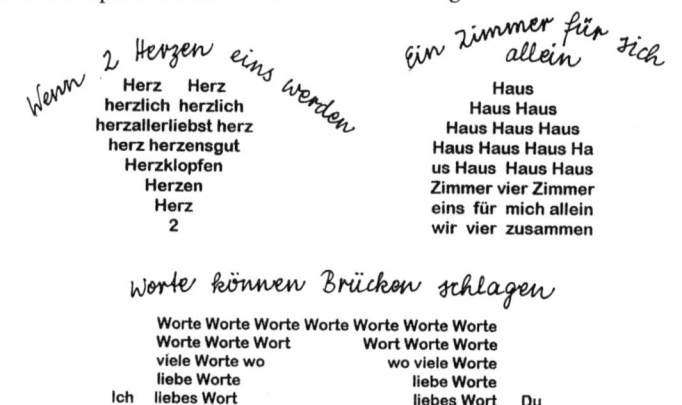

Wenn 2 Herzen eins werden

```
   Herz   Herz
herzlich herzlich
herzallerliebst herz
herz herzensgut
   Herzklopfen
     Herzen
      Herz
       2
```

Ein Zimmer für allein Sich

```
        Haus
      Haus Haus
    Haus Haus Haus
   Haus Haus Haus Ha
   us Haus  Haus Haus
   Zimmer vier Zimmer
   eins für mich allein
   wir vier zusammen
```

Worte können Brücken schlagen

```
      Worte Worte Worte Worte Worte Worte Worte
      Worte Worte Wort        Wort Worte Worte
       viele Worte wo         wo viele Worte
         liebe Worte             liebe Worte
  Ich    liebes Wort             liebes Wort     Du
```

Spielanleitung

1. Redensarten sammeln
2. Überlegen, welche sich für bildliche Darstellungen eignen könnten.
3. Begriffe, farbliche Gestaltung und Schriftart auswählen.
4. Begriffe vielfach auf Kärtchen aufschreiben und gemeinsam nach einer Anordnung suchen, dabei die Prinzipien im Auge behalten.
5. Ergebnisse mehrerer Gruppen einander gegenüberstellen.

Varianten (Differenzierung, offener Unterricht, Weiterführung):

- Spielergruppen suchen verschiedene Redensarten aus, die anderen müssen die Redensarten entschlüsseln.
- Der Lehrer gibt ausgewählte Redensarten vor, z. B.: „Nicht alle Tassen im Schrank haben", „Worte können Mauern einreißen", „Auf die Palme gehen", „Jemandem ein Loch in den Bauch reden", „Jemanden auf die Schippe nehmen", „Die Welt durch eine rosarote Brille sehen".

Weitere Beispiele: STEFFENS, WILHELM: Spielen mit Sprache im 1. bis 6. Schuljahr. Baltmannsweiler 1998, S. 105 ff.

5.5 Spiele zur Sprachreflexion

Der Sprachreflexion geht die Spracherfahrung voran, Spracherfahrung in vielfältiger Weise. Sprache erschließt sich dem Kind schon früh in der Kommunikation mit anderen, später auch in dem Erkennen von Wortbildern und Texten, im Anfangsunterricht durch den Schriftspracherwerb und nicht zuletzt in der Konfrontation mit den Normen der Schriftsprache in Rechtschreibung und Grammatik.

Im Unterricht der Grundschule soll nun nicht die grammatische Regel im Vordergrund stehen, da das Kind nicht nach Gesetzmäßigkeiten der Sprache sucht, sondern nach der Bedeutung, dem Inhalt des Wortes, Satzes oder Textes. Daher muss das Interesse der Kinder für den Bau und die Funktion von Sprache erst geweckt werden. Sie müssen sprachschöpferisch tätig werden, um dann selbst Entdeckungen und Erfahrungen mit der Sprache an sich zu machen.

Hierzu laden Sprachspiele geradezu ein. Sie machen Sprache zum Gegenstand der Entdeckungen und Erfahrungen, so dass Normen der Sprache deutlich hervortreten. Dies geschieht allerdings nicht nur bei den Spielen zur Sprachreflexion. Die in diesem Bereich aufgeführten Spiele beschäftigen sich vorwiegend mit grammatischen Inhalten, alle anderen Bereiche dieses Buches beinhalten Sprachspiele, die zu Sprachentdeckungen auffordern.

Ziele zu den Spielen zur Sprachreflexion

Kinder denken ständig in ihrer Sprachentwicklung über Sprache nach. Sie reflektieren Gehörtes, verwenden es versuchshalber, kontrollieren es und speichern es in ihr Sprachsystem. Sie sind unbewusst Könner auf diesem Gebiet. Der bewusste Umgang mit Sprache ermöglicht ihnen allerdings, die Welt der Sprache zu durchdringen, zu verändern und zu erweitern.

Die grammatische Seite der Sprache anzubahnen ist eine der größten Schwierigkeiten der Grundschule. Die Kinder müssen von der inhaltlichen Seite der Sprache abstrahieren, um eine Sprachstruktur und Sprachnorm erkennen zu können. Sprachspiele bieten eine einzigartige Möglichkeit hierzu. Durch ihre Verfremdung stoßen sie die Kinder auf ein bestimmtes sprachliches Phänomen.

Ziel der hier aufgeführten Spiele ist es, Kindern beim Entdecken und Aufspüren von Sprachstrukturen zu helfen und ihnen Spaß und Freude beim Umgang mit Sprachnormen zu ermöglichen.

Die Kinder können bei diesen Spielen
- über einen spielerischen Umgang mit Schrift und Schreiben Regeln der Sprache entdecken
  (Roboters Spielzeug, Gruselett)
- Fantasie einsetzen, um Sprache zu verändern
  (Sprachrätsel, Gruselett)
- neugierig werden auf das System Sprache, um durch spielerische Auseinandersetzung Normen, Regeln und den Aufbau von Sprache zu entdecken und zu verstehen und somit gewonnene Erkenntnisse anschließend selbst spielerisch anzuwenden
  (Was nehmt ihr in die Ferien mit?, Da kichert der Elefant, Teich-Grammatik, der-die-das-Würfel, Wörterschlange)
- ihr Sprachgefühl erweitern
  (Ich fühle was, was du nicht fühlst!, Roboters Spielzeug)
- einen induktiven Zugang zur Sprachbetrachtung finden
  (Sprachrätsel)

Bereich: Nachdenken über Sprache 91

Roboters Spielzeug

- **Schulstufe:** Mitte 1./2. Schuljahr
- **Teilnehmer:** Partner- oder Gruppenarbeit
- **Ziel:** Durch Zusammenfügen zwei getrennter Wortsammlungen das Prinzip der zusammengesetzten Substantive entdecken.
- **Benötigte Materialien:**
  - Karten (10 bis 12 je Gruppe) oder dickeres Papier mit Streifen zum Ausschneiden
  - dickere Filzstifte in 2 Farben je Gruppe
- **Vorbereitende Aufgaben:**
  - Gespräch über Roboter, ihr Aussehen und ihre Bestandteile.

Dosenball

Blechpuppe

Spielanleitung

1. Sammlung von Wörtern, aus denen der Roboter besteht.
2. Sammlung von Wörtern, die Kinder als Spielzeug nutzen (kann auch gruppenteilig bearbeitet werden).
3. Aus beiden Wörtersammlungen möglichst komische Zusammensetzungen finden (Beispiel im Klassenverband zeigen, über Schreibweise nachdenken).
4. Wörter auf Karten schreiben, Wortteile farblich unterschiedlich dabei markieren.
5. Spiele des Roboters aufzeichnen.

Varianten (Differenzierung, offener Unterricht, Weiterführung):
- Wortmaterial zum Teil vorgeben.
- Wörter im Wörterbuch nachschlagen, dann erst aufschreiben.
- Lieblings„essen" des Roboters (siehe Literaturangabe, Heft S. 2/3).
- Die Körperteile eines Roboters (Lampenaugen, Schraubennase ...).
- Die Kleidungsstücke eines Roboters (Eisenkleid, Blechhose, Schachtelschuhe ...).

Idee nach: MENZEL/BAURMANN: Geschichten verrückt und verhext. Westermann Verlag, Braunschweig 1996. Das Heft enthält viele weitere Anregungen zum gleichen Bereich.

Sprachrätsel

- **Schulstufe:** 2. Schuljahr
- **Teilnehmer:** 2 bis 3 Spieler
- **Ziel:** Zusammengesetzte Nomen bilden und über die Bedeutung von Wörtern nachdenken.
- **Benötigte Materialien:** Wortkarten von Nomen und Sprachrätselbilder

Rahmen   Schlüssel   Baum
       Kuchen   Fenster   Blume

Spielanleitung

1. Die Kinder legen die Wortkarten zu zusammengesetzten Nomen zusammen. Sie überlegen, ob dieses Wort einen Sinn ergibt.
2. Sie suchen das passende Bild dazu.
3. Sie zeigen das Bild ihrem Partner, der raten muss, was es bedeutet.
4. Sie kontrollieren auf der Rückseite des Bildes.

Variante (Differenzierung, offener Unterricht, Weiterführung):
- Die Kinder setzen aus den Wortkarten zusammengesetzte Nomen zusammen. Sie zeichnen ein Bild zu der Wortbedeutung auf eine Karte. Diese Karte zeigen sie wieder ihrem Partner, der das Wort erraten muss.

Wäschespinne   Blumentopf   Tigerhai   Lockvogel

Wortbeispiele entnommen aus: EVA und CHRISTOPH JANZEN: Rätselgedichte und Rätselgrammatik. In: Die Grundschulzeitschrift 111, Spielen mit Sprache, Friedrich Verlag, Seelze 1998, S. 17/18

Bereich: Nachdenken über Sprache 93

Gruselett

- **Schulstufe:** 2.–4. Schuljahr
- **Teilnehmer:** Partner- oder Gruppenarbeit
- **Ziel:** Durch Austausch von Wörtern erkennen, dass man eine Wortart an seiner Stellung und dem Sinnzusammenhang des Satzes erkennen kann.
- **Benötigte Materialien:**
  - Vergrößerung des Gedichts
  - Buntes Papier, Schere, Kleber

> DER FLÜGELFLAGEL GAUSTERT
>
> DURCHS WIRUWARUWOLZ.
>
> DIE ROTE FINGUR PLAUSTERT
>
> UND GRAUSIG GUTZT DER GOLZ.

Christian Morgenstern

- **Vorbereitende Aufgaben:** Substantive und Verben sollten eingeführt sein.

Das Gedicht auf eine Folie kopieren oder an die Tafel zeichnen.

Spielanleitung

1. Die Spieler versuchen, im gemeinsamen Gespräch die unbekannten Wörter mit Sinn zu füllen.
2. In einem Klassengespräch begründen die Schüler, warum sie bestimmte Vorstellungen zu den Wörtern haben. Dabei werden in vielen Fällen Ähnlichkeiten mit anderen Wörtern genannt, die als Sammlung an die Tafel geschrieben werden. Aus dieser Sammlung ergeben sich durchweg die beiden Wortarten „Substantive – Verben".
3. In einer weiteren Erprobungsphase versuchen die Spieler, die Wörter durch weitere Fantasiewörter auszutauschen und Gemeinsamkeiten mit den anderen Phantasiewörtern herauszufinden. Bei Austausch der Wörter wird farbiges Papier benutzt, das bereits als Kennzeichnung der unterschiedlichen Wortarten eingeführt wurde (Substantive – rot, etc.).

Varianten (Differenzierung, offener Unterricht, Weiterführung):
- In einem kontrastierenden Verfahren werden die beiden Verben ausgetauscht durch die Fantasiewörter: „ploddert" und „floddert". Die Schüler versuchen, ihre Assoziationen zu den beiden Texten zu versprachlichen (semantische Ebene). Dann wird gefragt, warum es sich bei den genannten Vorstellungen um Tätigkeiten handelt und nicht um Gegenstände. (grammatische Ebene – Wortendungen). Dann werden die Schüler dazu angeregt, sich selbst Verben auszudenken, die einem „Gruselett" angemessen sind.
- Eine vereinfachte Version kann man entwickeln, indem man die Substantive durch „Rackarangu", „Dingidanolo", „Lumbu" und „Kro" ersetzt.
- In einer 3. Stufe kann man die Adjektive durch Fantasiewörter ersetzen.

Was nehmt ihr in die Ferien mit? Malefiz-Reise-Spiel

- **Schulstufe:** 3./4. Schuljahr
- **Teilnehmer:** 4 Spieler
- **Ziel:** Akkusativ-Objekte durch Fragen bestimmen; spielerischer Umgang mit Satzgliedern
- **Benötigte Materialien:**
  - ein Spielplan (im Anhang S. 109)
  - ein Püppchen pro Person und ein Würfel
  - Malefizsteine oder Wendeplättchen
- **Vorbereitende Aufgaben:**
  - Im Unterricht muss die Bestimmung von Satzgliedern erfolgt sein.
  - Das Akkusativ-Objekt muss den Kindern bekannt sein.
  - Die Regeln des Malefiz-Spiels sollten bekannt sein.

Spielanleitung

1. 4 Kinder fahren in die Ferien und nehmen Personen, Tiere und Dinge mit.
2. Auf die Buchstaben des Spielplans werden Malefiz-Steine gelegt. Die Kinder stellen ihre Püppchen unten in den Startkreisen auf. Es wird gewürfelt. Wer eine 6 würfelt, kann starten.
3. Es wird die Augenzahl des Würfels gezogen. In welche Richtung, entscheidet der Spieler.
4. Kommt ein Spieler auf ein Feld mit einem Stein, muss er die Frage stellen:
   „Wen oder was nehme ich in die Ferien mit?"
   Dann nimmt er den Stein hoch und muss einen Gegenstand mit dem darunter verborgenen Anfangsbuchstaben nennen und antworten:
   „Ich nehme ein Surfbrett mit!"
5. Hat der Spieler eine Antwort gefunden, darf er den Stein behalten. Findet er kein Akkusativ-Objekt mit dem Anfangsbuchstaben stellt er den Stein wieder auf das Buchstabenfeld und geht zurück auf das letzte leere Feld.
6. Gewonnen haben die Spieler, die entweder als erste ins Ziel gelangen oder die die meisten Steine gesammelt haben.

Bereich: Sprache untersuchen 95

Wörterschlange

- **Schulstufe:** 1.–2. Schuljahr
- **Teilnehmer:** 4 Spieler
- **Ziel:** Sensibilisierung für unterschiedliche Pluralformen der Nomen; Training beim Umgang mit dem Wörterbuch
- **Benötigte Materialien:** ein Kartenspiel und Wörterbücher
- **Vorbereitende Aufgaben:** Die unterschiedlichen Pluralformen müssen den Kindern bekannt sein. Ein Blankokartenspiel wird mit den Nomen beschriftet.

-s
Kamera
Kilo
Teddy
Moped
Opa
Baby
Spaghetti
Mofa
Oma

-n
Muschel
Mütze
Mappe
Nadel
Insel
Tafel
Tomate

-er
Loch
Geist
Kind
Feld
Brett
Biest

-en
Zahl
Spatz
Bär
Insekt
Mensch
Burg
Einladung

-e
Hund
Tag
Schiff
Stift
Paket
Monat
Heft
Pferd
Tisch

a-ä
Zahn
Bart
Stamm
Topf
Stuhl
Turm

Spielanleitung

1. Die Karten werden gemischt und in die Mitte des Tisches auf einen Stapel gelegt.
2. Das erste Kind zieht eine Karte, liest das Nomen, und bildet den Plural.
3. Dann sucht es im Wörterbuch **3 Nomen**, die im Plural genauso gebildet werden.
4. Hat es drei richtige Nomen gefunden, darf es die Karte behalten; ansonsten legt es die Karte wieder unter den Stapel.
5. Die anderen Kinder sind der Reihe nach dran.
6. Gewonnen hat das Kind, das die meisten Karten gesammelt hat.

Varianten (Differenzierung, offener Unterricht, Weiterführung):

- Wenn die Kinder das Spiel ein- bis zweimal durchgespielt haben, wird eine Eieruhr dazugestellt. Das Kind hat zum Suchen jeweils nur **1 Minute** (2 Minuten) Zeit.
- Das Spiel kann auch mit der Konjunktion eines Verbs gespielt werden. Auf den Karten steht dann jeweils eine Personalform eines Verbes. Das Kind, das die Karte zieht, muss alle Personalformen nennen.

Da kichert der Elefant

- **Schulstufe:** 2./3. Schuljahr
- **Teilnehmer:** Partner- oder Gruppenarbeit
- **Ziel:** Verschiedene Präpositionen ausprobieren und ihre Wirkung entdecken.
- **Benötigte Materialien:**
  - Papier und Bleistift
  - Karten (6 bis 8 je Gruppe)
  - dickere Filzstifte für die Beschriftung der Karten

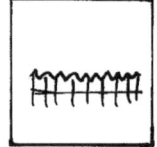

„Eva sitzt am Tisch in der Küche und fragt: „Was siehst du jetzt?"
Der Großvater sagt: „Komm, wir schließen die Augen! So sieht man am meisten. Pass auf! Da sind:
– ein Haus
– ein Zaun
– ein Fluss
– ein Boot
– ein Kind."
Eva fragt: „Ist das Kind
– *im* Haus
– *beim* Zaun
– *am* Fluss
– *mit dem* Boot?"
„Nein."
(Das Wort „Nein" stellt für Schüler den Impuls dar, sich andere mögliche Anordnungen auszudenken. Als Merkhilfen dienen die Bildkarten oben.)

HANS MANZ: Da kichert der Elefant. Für Erstleser. Mit Illustrationen von Verena Ballhaus. © 1998 Nagel & Kimche im Carl Hanser Verlag, München – Wien.

Bereich: Nachdenken über Sprache 97

Vorbereitende Aufgaben:
- Die Abbildungen auf A4 vergrößern und auf Karton kleben und für die Tafelarbeit bereit halten.

Spielanleitung

1. Den Text langsam vorlesen, Schüler zeichnen dabei die einzelnen Teile.
2. Die Fragen von Eva und die Antwort des Großvaters vorlesen und mit den Schülerskizzen vergleichen (Ergeben sich bereits räumliche Anordnungen, können diese mit den vorbereiteten Karten an der Tafel demonstriert werden).
3. An der Tafel von Schülern mögliche Anordnungen zeichnen lassen.
4. Aufgabe an Partner/Gruppe, in eine der Zeichnungen weitere Möglichkeiten einzufügen.
5. Wörter, die verändert bzw. verschoben werden müssen, auf Karten aufschreiben lassen.
6. Durchspielen möglichst vieler Varianten.
7. Gruppenweises Vorstellen der Ergebnisse.

Varianten (Differenzierung, offener Unterricht, Weiterführung):
- Vom Haus zum Boot eine kleine Geschichte schreiben, in der die verschiedenen Möglichkeiten ausprobiert werden können. Durch Einsatz verschiedener Verben verändert sich gleichzeitig auch die Handlung. (Das Kind *kommt* aus dem Haus. Es *klettert* über den Zaun. Es *läuft* über die Wiese.)
- Die gefundenen Lösungen auf*schreiben*. Präpositionen in Rot schreiben/ umkreisen.
- Die Bilder als Karten aufzeichnen, ausschneiden lassen und die gefundenen Möglichkeiten nach*legen*.
- Den Schülern freistellen, zusätzliche/andere Gegenstände zu benutzen (Baum, Zelt, Kirche, Wiese).

Teich-Grammatik

- **Schulstufe:** 3./4. Schuljahr
- **Teilnehmer:** 2 bis 4 Spieler
- **Ziel:** Förderung des Sprachbewusstseins für verschiedene Subjektformen.
- **Benötigte Materialien:**
  - Spielplan im Anhang S. 110
  - ein Püppchen pro Person und ein Würfel
- **Vorbereitende Aufgaben:**
  - Im Unterricht müssen Satzglieder eingeführt sein.
  - Die Wortart Pronomen muss bekannt sein.

Spielanleitung

1. Es wird gewürfelt und nach der gewürfelten Zahl vorgerückt.
2. Kommt ein Kind auf ein Subjekt-Feld, bildet es einen Satz mit diesem Subjekt am Anfang.
3. Konnte es einen Satz bilden, darf es auf einen Frosch vorrücken.
4. Kommt ein Kind auf eine Seerose, darf es sich eine Runde ausruhen.
5. Kommt ein Kind auf einen Stein, muss es die dort beschriebene Aufgabe erfüllen (siehe Varianten).
6. Gewonnen hat das Kind, das als erstes ins Ziel kommt.

Varianten (Differenzierung, offener Unterricht, Weiterführung):
- Auf den Steinen können verschiedene Subjektformen gesucht werden, z. B. **der Baum, der schöne Baum, er.** Es muss der gleiche Satz mit allen Subjektformen gebildet werden.
- Ebenso können aber auch Spaßaufgaben, wie z. B. „**Steh auf und hüpfe wie ein Frosch!**" hineingeschrieben werden.
- In einen Leerplan können Subjekte aus dem Grundwortschatz eingetragen werden.
- Die Sätze müssen immer zum Klassenthema gebildet werden.

Bereich: Nachdenken über Sprache

der-die-das-Würfel

- **Schulstufe:** ab 1. Schuljahr
- **Teilnehmer:** 2 bis 4 Spieler
- **Ziel:** bewusster Einsatz des bestimmten oder unbestimmten Artikels (besonders auch bei ausländischen Kindern geeignet)
- **Benötigte Materialien:**
  - ein vorbereiteter Würfel
  - der Grundwortschatzkasten oder ein Wörterkoffer
- **Vorbereitende Aufgaben:**
  - Im Unterricht ist ein Grundwortschatz in einem Karteikasten angelegt worden.
  - Es ist auch möglich, dass die Kinder Wörterkoffer zu verschiedenen Themenbereichen benutzen.
  - Ein Holzwürfel wird auf 5 Seiten mit den Artikeln **der – die – das – ein – eine** beklebt. Die 6.Seite bleibt frei.

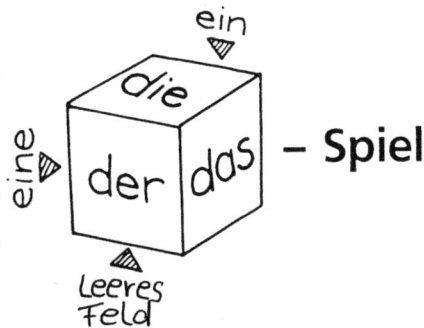

Spielanleitung

1. Das jüngste Kind fängt an.
2. Es wird mit dem der-die-das-Würfel gewürfelt.
3. Das Kind sucht aus seinem Grundwortschatz oder seinem Wörterkoffer ein zu dem Artikel passendes Nomen heraus. Es nennt das Nomen mit dem Artikel und legt die Karte vor sich hin. Die anderen Kinder kontrollieren.
4. Wer die leere Seite würfelt oder wer sich bei der Nennung des Artikels vertan hat, setzt einmal aus.
5. Gewonnen hat das Kind mit den meisten Karten.

Varianten (Differenzierung, offener Unterricht, Weiterführung):
- Die Kinder nennen ein Nomen mit einem passenden Adjektiv. Dabei wird besonders deutlich, dass der Artikel nicht immer direkt vor dem Nomen stehen muss.
- Die Kinder schreiben die gefundenen Wörter mit dem Artikel in ihr Heft (rechtschriftliche Sicherung des Grundwortschatzes).
- Die Kinder benutzen keinen Wortschatz, sondern müssen passende Nomen mit **-heit**, **-keit** und **-ung** am Wortende aus dem Gedächtnis suchen und diese auf ein Blatt schreiben.

Ich fühle was, was du nicht fühlst

- **Schulstufe:** ab 1. Schuljahr
- **Teilnehmer:** eine Gruppe oder die ganze Klasse
- **Ziel:** Sensibilisierung für die Wortart Adjektiv
- **Benötigte Materialien:**
  - viele unterschiedliche Gegenstände mit verschiedenen Eigenschaften
  - eine Fühlkiste
- **Vorbereitende Aufgaben:**
  - Sammlung mehrerer unterschiedlicher Gegenstände in einer Fühlkiste

Spielanleitung

1. Ein Kind greift in die Fühlkiste und befühlt den Gegenstand.
2. Es beschreibt den Gegenstand mit Adjektiven: „Ich fühle was, was du nicht fühlst und das ist **rund, spitz, weich, rau, ...**"
3. Die anderen Kinder versuchen zu erraten, welcher Gegenstand beschrieben wird.
4. Das Kind, das ihn errät, darf den nächsten Gegenstand erfühlen.

Varianten (Differenzierung, offener Unterricht, Weiterführung):
- Am Anfang ist es einfacher, wenn dem Gegenstand ein fiktiver Name gegeben wird, z. B. „Mein Flatsch ist eckig."
- Es ist auch möglich mit der Steigerung von Adjektiven zu arbeiten, z. B. „Ich fühle was, was du nicht fühlst, und das ist **weicher** als ein Ball."

Kopiervorlage: Im Zoo ist was los (Seite 27) 101

Kopiervorlage: Alte Geschichten in einer Pyramide (Seite 28)

an der Pyramide arbeiten

Frau Mann Elefant bauen ziehen

begrüßen rufen sich treffen

Sonne, Hitze schwimmen Wasser

Fisch angeln Feuer

kochen essen Trinkwasser leer Wasser holen

suchen Spuren folgen jagen, laufen Vogel

anbeten schlafen wach sein

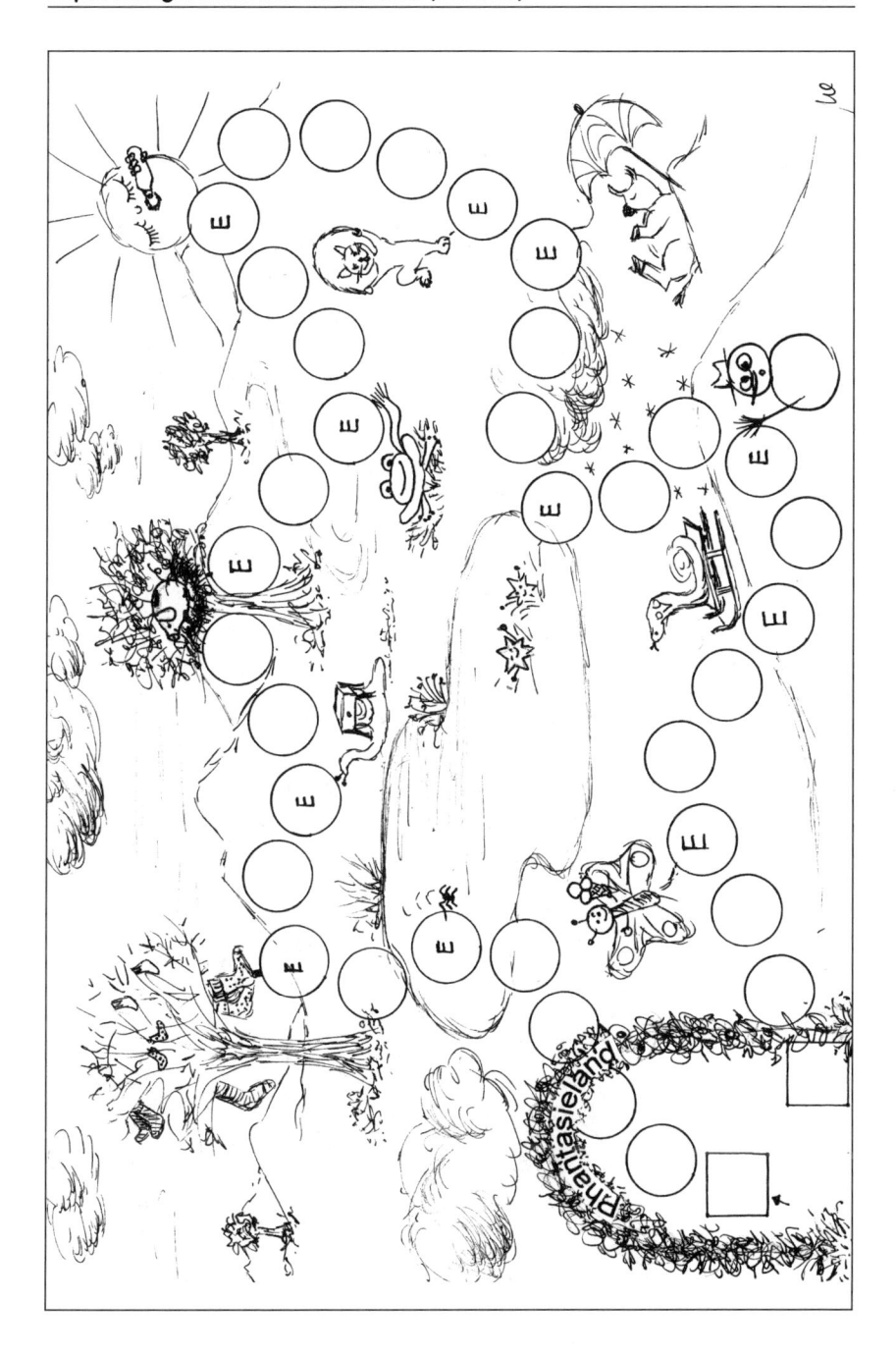

Kopiervorlage: Reise ins Fantasieland (Seite 30) 103

Kopiervorlage: Arche Noah (Seite 38/39)

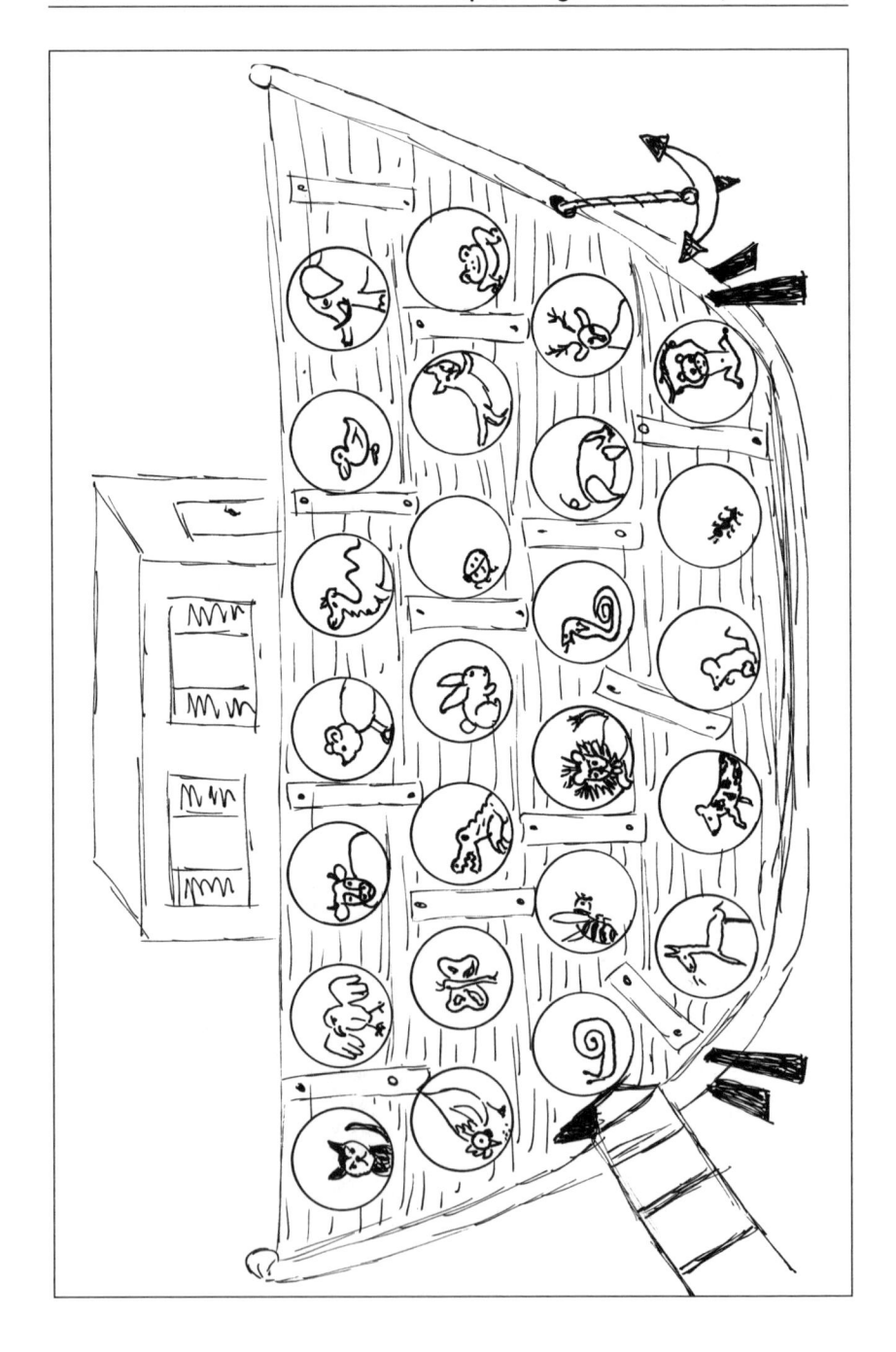

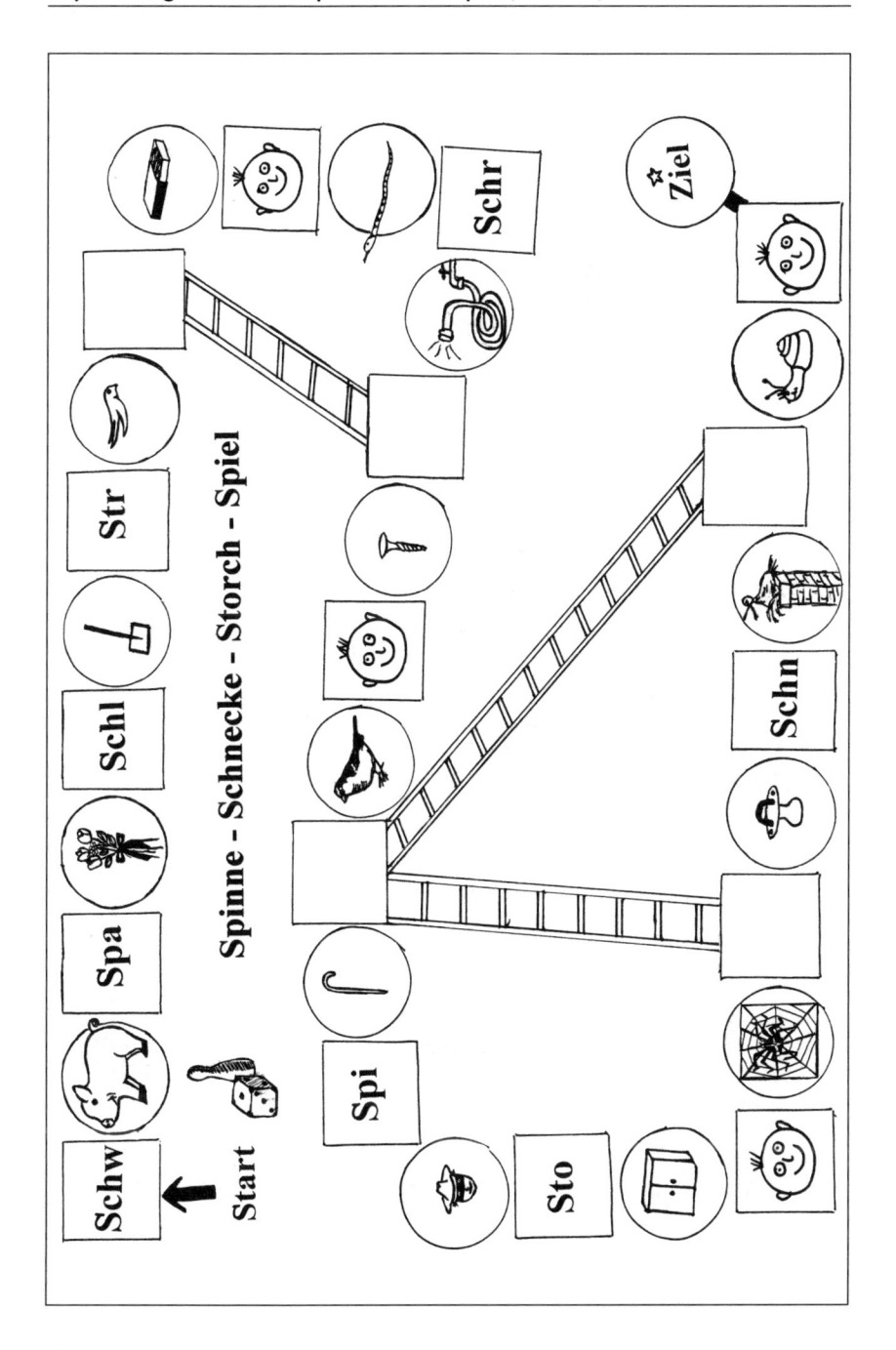

Kopiervorlage: Schnecke-Spinne-Storch-Spiel (Seite 40) 105

Spinne - Schnecke - Storch - Spiel

Start — Schw — Spa — Schl — Str — Schr — Ziel — Schn — Sto — Spi

Kopiervorlage: ABC-Anlaut-Spiel (Seite 41)

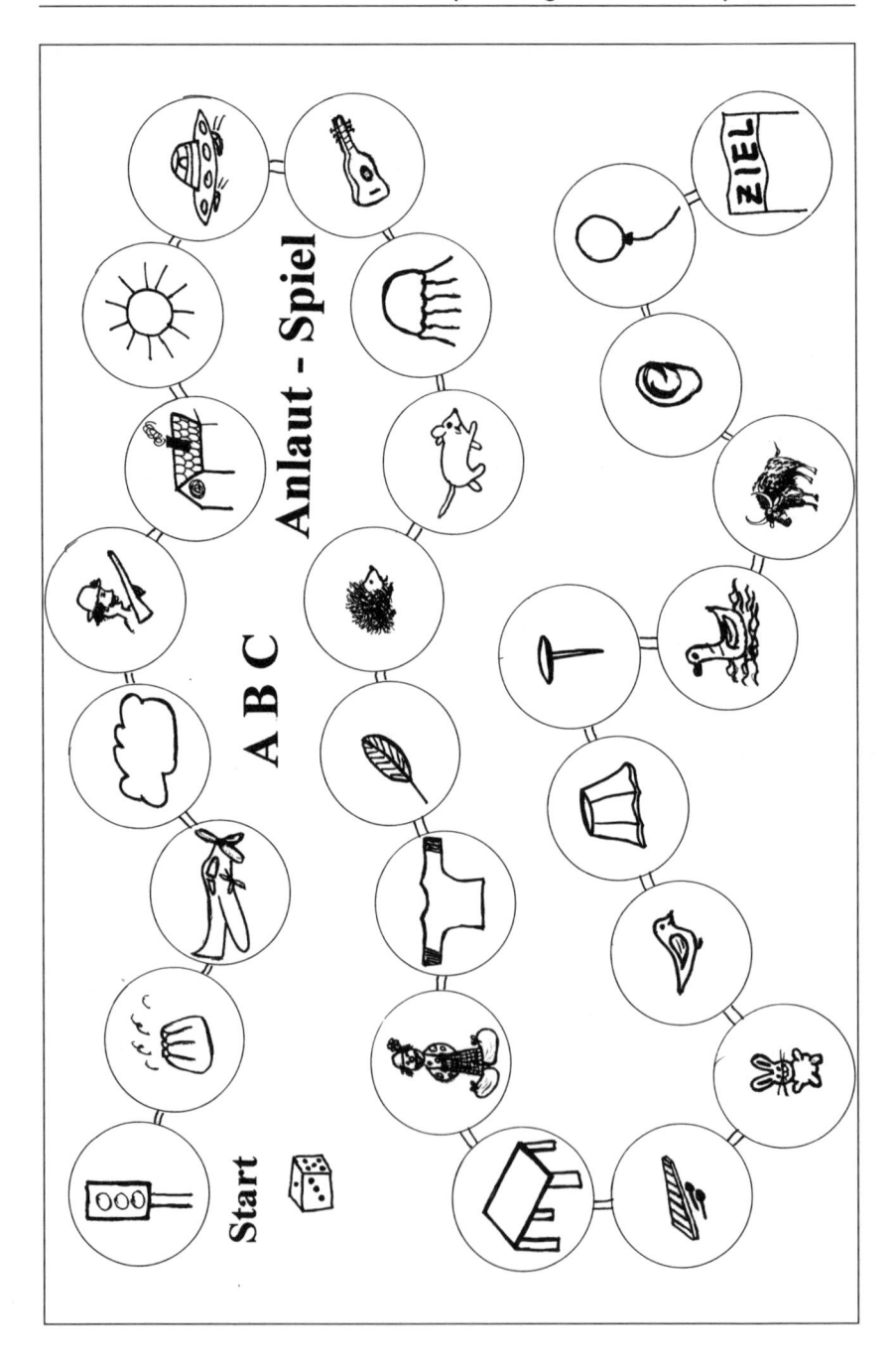

Kopiervorlage: Olchi-Spiel (Seite 50/51) 107

Ziel

Ereigniskarten

Start

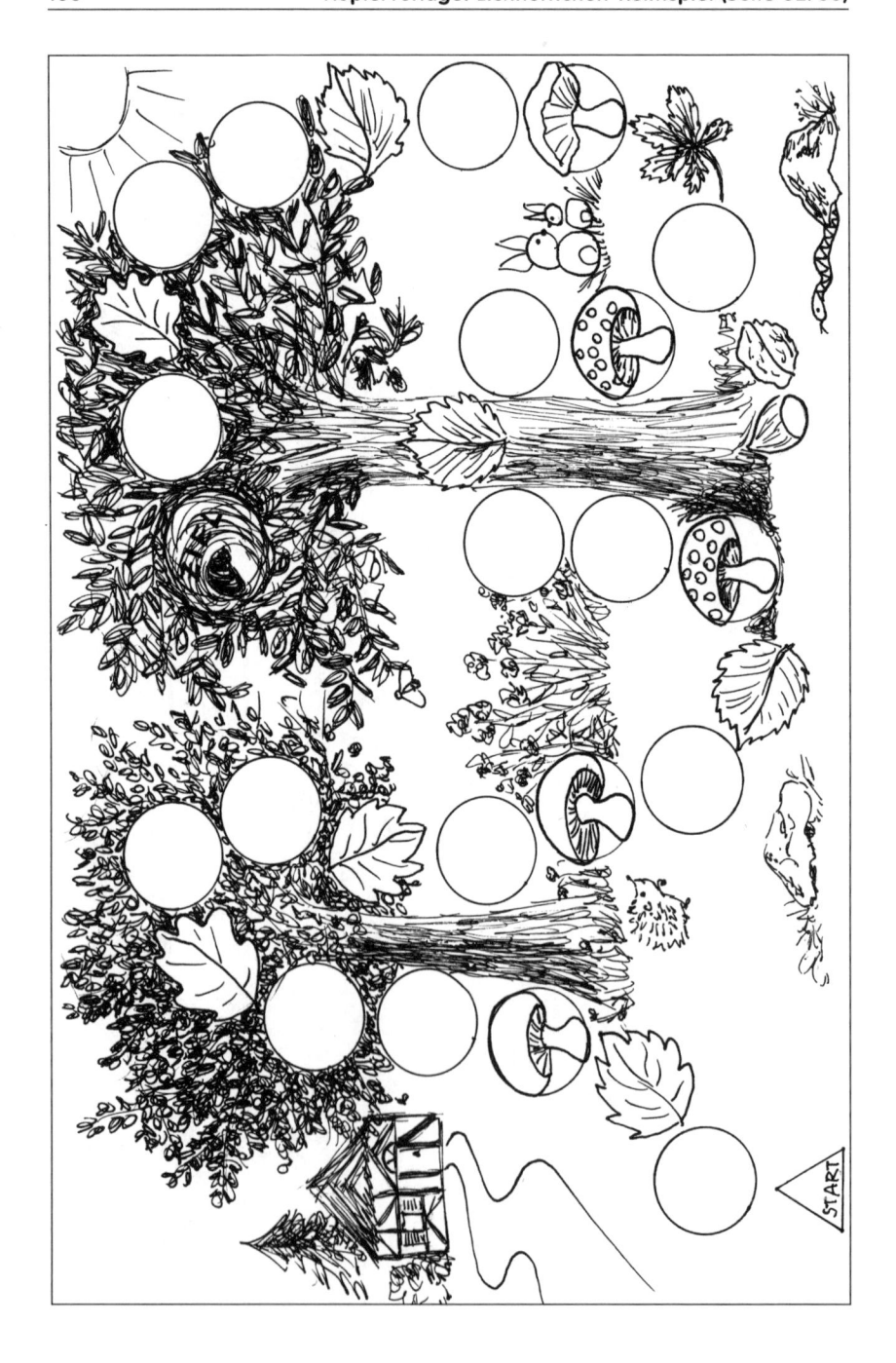

108 Kopiervorlage: Eichhörnchen-Reimspiel (Seite 62/63)

Kopiervorlage: Malefiz-Reise-Spiel (Seite 94)

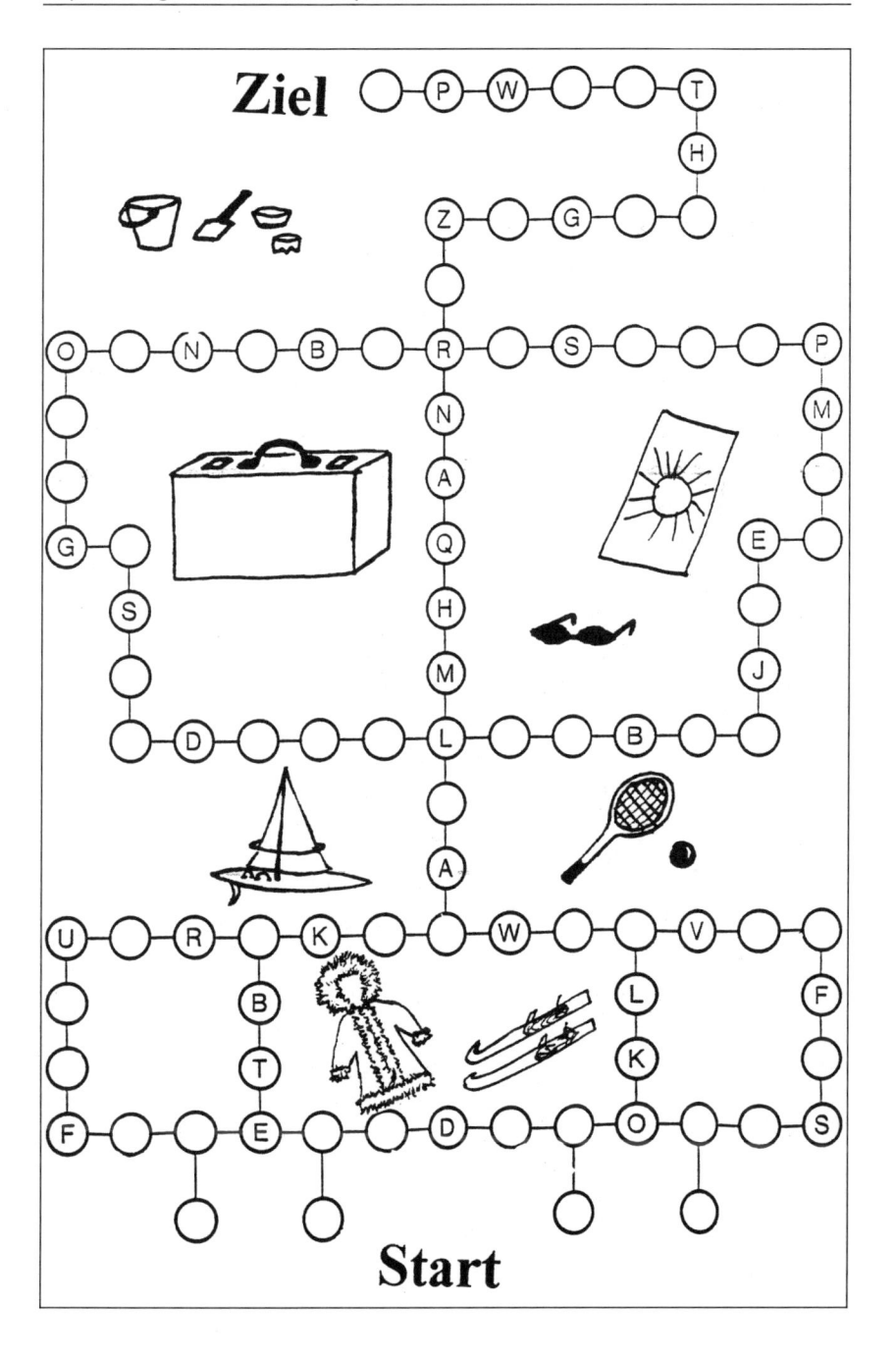

Ziel

Start

Kopiervorlage: Teich-Grammatik (Seite 98)

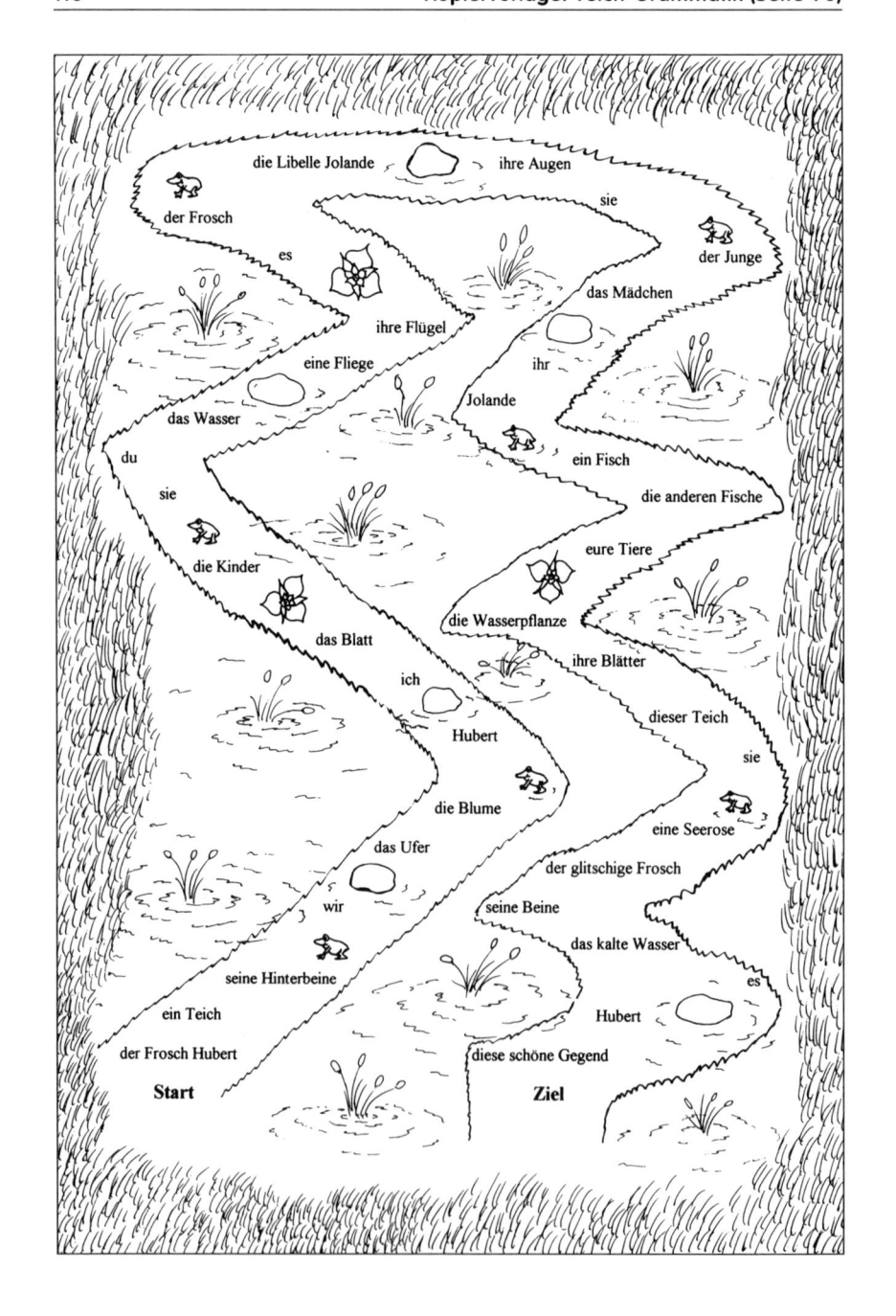

die Libelle Jolande
ihre Augen
der Frosch
sie
es
der Junge
ihre Flügel
das Mädchen
eine Fliege
ihr
das Wasser
Jolande
du
ein Fisch
sie
die anderen Fische
die Kinder
eure Tiere
das Blatt
die Wasserpflanze
ihre Blätter
ich
dieser Teich
Hubert
sie
die Blume
eine Seerose
das Ufer
der glitschige Frosch
wir
seine Beine
das kalte Wasser
seine Hinterbeine
es
ein Teich
Hubert
der Frosch Hubert
diese schöne Gegend

Start
Ziel

Literaturverzeichnis

FEICHTENBERGER, CLAUDIA / WECHDORN, SUSANNE: Mind Mapping für Kinder. Wien 1997 (2. aktualisierte Neuauflage).
KIRCKHOFF, MOGENS: Mind Mapping. Einführung in eine kreative Arbeitsmethode. Bremen 1992, S. 2.
MENZEL, WOLFGANG: Kreativität und Sprache. In: PRAXIS DEUTSCH, Heft 5/1974, S. 15 ff.
JEAN PAUL: Levana oder Erziehlehre. Ausgabe: Schöninghs Sammlung pädagogischer Schriften. Paderborn 1963.
PRAXIS DEUTSCH, Heft 123, Velber 1994. Basisartikel S. 17–25.
RICO, GABRIELE L.: Garantiert schreiben lernen. Sprachliche Kreativität methodisch entwickeln – ein Intensivkurs auf der Grundlage der modernen Gehirnforschung. Hamburg 1993.
SCHEUERL, HANS: Das Spiel Band 1: Untersuchungen über sein Wesen, seine pädagogischen Möglichkeiten und Grenzen. Weinheim 1990. 11. überarbeitete Neuausgabe. Das Werk gilt inzwischen als Standardwerk.
SCHWANDER, MICHAEL: Spielen im Deutschunterricht I. Richtig Lesen und Schreiben. Heinsberg 1984.
STEFFENS, WILHELM: Spielen mit Sprache im ersten bis sechsten Schuljahr. Reihe: Deutschdidaktik aktuell Band 4. Schneider Verlag Hohengehren. Baltmannsweiler 1998.
WALDMANN, GÜNTHER / BOTHE, KARIN: Erzählen. Eine Einführung in kreatives Schreiben und produktives Verstehen von traditionellen und modernen Erzählformen. Stuttgart u. a. 1993.

Fitmacher für Ihren Unterricht

Cornelsen SCRIPTOR

Lehrer-Bücherei: Grundschule

Horst Bartnitzky
**Grammatikunterricht
in der Grundschule**
1.-4. Schuljahr
ca. 208 Seiten mit Abb., Paperback
ISBN 3-589-05065-9

Ute Spiegel
Richtig Schreiben
Grundlagen und Strategien – Übungen
für das 2.-4. Schuljahr
ca. 160 Seiten mit Abb., Paperback
ISBN 3-589-05097-7

Heiner Boehncke
**Begabungen fördern im
Deutschunterricht**
Kreatives Schreiben
für das 3. und 4. Schuljahr
96 Seiten mit Abb., Paperback
ISBN 3-589-22032-5

Marita Pabst-Weinschenk
Freies Sprechen in der Grundschule
Grundlagen – Praktische Übungen
ca. 112 Seiten, Paperback
ISBN 3-589-05095-0

Fragen Sie bitte in Ihrer Buchhandlung!